HARDYs
Zauberschule

HARDYs

ZAUBERSCHULE

Mit einem Nachwort
von James Krüss

und Illustrationen
von Klaus Renner

**VERLAG EPPE GMBH
BERGATREUTE / AULENDORF**

Der Autor:

Der bekannte und beliebte Zauberer HARDY ist Weltmeister im Dauerzaubern.

Als Zauberpädagoge gibt er Vorstellungen in Kindergärten und Schulen.

Er ist Herausgeber von Zauberkästen und Buchautor.

Dieses Buch ist meiner zauberhaften Tochter Susanne gewidmet

Hinweis für den Leser:

Alle Angaben wurden von Autor und Verlag sorgfältig geprüft; dennoch kann keine Gewährleistung übernommen werden.

2. Auflage 2009

© 2009 Verlag Eppe GmbH, Bergatreute / Aulendorf

Illustrationen im Innenteil: Klaus Renner, München
Umschlaggestaltung: Peter Schnobrich, SCM-Asia, Thailand
und Klaus Renner, München
Satz, Reproduktion und Druck: Verlag Eppe GmbH,
Bergatreute / Aulendorf

Gedruckt auf chlorfrei gebleichtem Papier der Papierfabrik Arktic

ISBN 978-3-89089-864-3

Lustig ist die Zauberei!
Hardy lädt euch alle ein!
Aus sieben macht er dreißig,
die Faulen macht er fleißig.
Holt Eier aus der Flasche,
Kaninchen aus der Tasche.
Und Münzen aus der Nas',
macht allen Kindern Spaß!

Inhalt

Die steigende Röhre 12
Der unversehrte Becher 14
Der verschwindende Knoten 16
Der Zauberwürfel 18
Das Lieblingstier 21
Wo ist der Cent? 22
Das Häschen im Zylinder 24
Eine Münze verschwindet 26

Der Münzensprung 28
Ein Tüchlein verschwindet 30
Die Farbenschnüre 32
Die Knalltüte 34
Chinesischer Trickdiebstahl 36
Die Zauberpalme 38
Papierringe 40
Drei Buben 42

Das Tüchlein aus der Zeitung 44
Die Zaubertüte 46
Flaschenwanderung 48
Akustische Illusion 50
3 Becher und 1 Würfel 52
Die geheimnisvolle Durchdringung 54
Dinge drehen sich von selbst 56
Kartenzauber 58
Der Zauberschlüssel 60
Der eingeknotete Ring 62

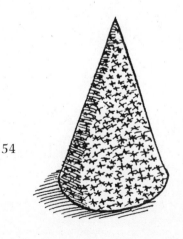

Inhalt

Die Ringbefreiung 64
Der tanzende Zauberstab 66
Das verschwundene Glas 68
Ausgang 70
Der Trick mit 7 Chips 72
Gewusst wie! 74
Das flinke Mäuslein 76
Der vorausgesagte Knoten 78
Der Schiebeknoten 80

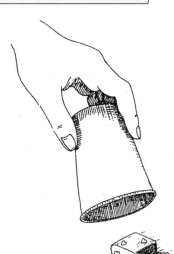

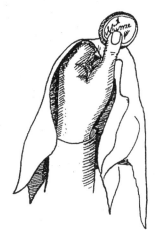

Der Perlentrick 81
Der verschwindende Zauberstab 82
Geheimnisvolle Münzwanderung 84
Die Kugelwahl 86
Die Zauberhütchen 88
Die indische Gebetsmühle 90
Der Blitzknoten 92
Farbendomino 94
Das unsichtbare Huhn 96

Die standfeste Streichholzschachtel 98
Zwei Bänder wechseln ihren Platz 100
Der schwebende Geist 101
Eine Schachtel mit Chips 104
Die Kugelbefreiung 106
Strohhalme vermehren sich 108
Der Star des Abends 110

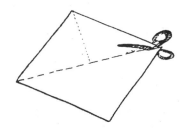

Interessierte Zauberfans können sich über eine Mitgliedschaft beim Magischen Zirkel von Deutschland e.V.

informieren unter: www.mzvd.de

Wenn du dich für noch mehr Zaubertricks und Zauberzubehör interessierst empfehle ich dir das Fachgeschäft für Zauberkünstler:

        Fa. Stolina
        Robert Fislage
        Hans-Böckler-Straße 50
        59302 Oelde

        Telefon 02522 4258
        www.stolina.de

Ich wünsche dir und deinen Zuschauern viel Vergnügen!

Dein Zauberer Hardy

Hallo, lieber Zauberlehrling!

Herzlichen Glückwunsch zu deinem Entschluss, mit meiner Zauberschule „zaubern" zu lernen! Du wirst darin bestimmt viele tolle Tricks finden, die dir gut gefallen. Aus diesen Zaubertricks kannst du dir dann eine komplette Vorstellung zusammenstellen.

Viele der benötigten Gegenstände kannst du dir leicht selbst anfertigen. Manche wie z. B. Kugeln erhältst du in Heimwerker- oder Bastlermärkten. Verliere nicht gleich die Geduld, wenn mal etwas danebengegangen ist. Es ist noch kein Meister vom Himmel gefallen, aber du kannst einer werden. Allerdings heißt das: üben, üben und nochmals üben! Fange zunächst damit an, die Kunststücke in deinem Familien- und Bekanntenkreis zu zeigen. Erst dann wage dich an das „normale" Publikum heran. Du bekommst so mehr Selbstsicherheit, weil dir die Reaktion der Zuschauer besser bekannt wird.

Und sollte dich einmal das Lampenfieber überfallen, dann denke einfach an eine lustige Geschichte, über die du lachen kannst. Damit kannst du dich selbst ablenken.

Das Zaubern lebt von der Präsentation! Gestalte deshalb dein Programm lustig. Erfinde heitere Zaubersprüche und Verse oder flotte Redewendungen. Einige Beispiele dafür findest du auch in diesem Buch. Ich fange meine Vorstellung immer mit einem „Zauberlied" an, das dann alle mitsingen können.

Grundregeln für den Zauberkünstler

1 Das Sprichwort „Übung macht den Meister" gilt auch für dich als Zauberkünstler. Bevor du einen Trick vorführst, musst du ihn gründlich einüben.

2 Stelle dich beim Üben vor einen Spiegel, so siehst du am schnellsten deine Fehler.

3 Kündige nie vorher an, was du vorführen willst. Die Zuschauer lassen sich leichter täuschen, wenn sie nicht wissen, was kommt. Die Überraschung ist so größer.

4 Merke: Keinen Trick vor den Zuschauern wiederholen! Denn so etwas führt leicht zur Entdeckung des Geheimnisses und alles ist schneller zu durchschauen.

5 Wichtig ist, dass du bei der Vorführung Ruhe bewahrst und dich nicht aus der Fassung bringen lässt.

6 Achte darauf, dass du bei der Vorführung die Zuschauer immer vor dir hast.

7 Vor und nach der Vorstellung dürfen die Zaubergeräte nicht besehen werden. Es gibt immer wieder Neugierige, die sich diese Dinge zu gern anschauen würden.

8 Führe nur Tricks vor, die du einwandfrei beherrschst.

9 Beim Vorführen werden dir nicht immer die richtigen Worte einfallen. Deshalb überlege dir vorher, was du sagen willst. Am besten, du schreibst es dir auf.

10 Oberstes Gebot der Zauberei: Niemals einen Trick verraten!

Die steigende Röhre

Effekt:
Mit der Röhre und einem kleinen Gedicht erreichst du folgenden Effekt:

Zwei Dinge sind es nur,
eine Röhre – eine Schnur.
Beim Dagegenblasen, wie ihr seht,
die Röhre leicht nach oben schwebt.
Dies alles geht natürlich nur
mit meiner Zauberröhre und der Schnur.

Du benötigst dazu:
- eine leere Papptröhre, die du in jeder Küchenpapierrolle findest
- Glanzpapier
- eine kleine und eine große Holzkugel mit Loch
- einen kleinen Ring
- zwei Schnüre, eine etwa so lang wie die Röhre, die andere doppelt so lang
- Kleber

Vorbereitung:
Beklebe die Röhre mit Glanzpapier. Klebe die lange Schnur an einem Röhrenende innen fest. An ein Ende der kurzen Schnur knüpfst du die kleine Holzkugel, an das andere Ende den kleinen Ring. Durch diesen Ring fädelst du die lange Schnur und knüpfst dann die größere Holzkugel an das Ende. Fasse die kurze Schnur an der kleinen Kugel und stecke sie durch die Röhre. Beide Schnüre müssen jetzt gleich weit aus der Röhre herausragen.

Vorführung:
Jetzt ziehst du einmal an der rechten und einmal an der linken Schnur, um zu zeigen, dass sie hin- und hergezogen werden können. Ziehe die Schnur mit der kleinen Kugel so weit heraus, bis die größere Kugel an der Röhre anstößt.

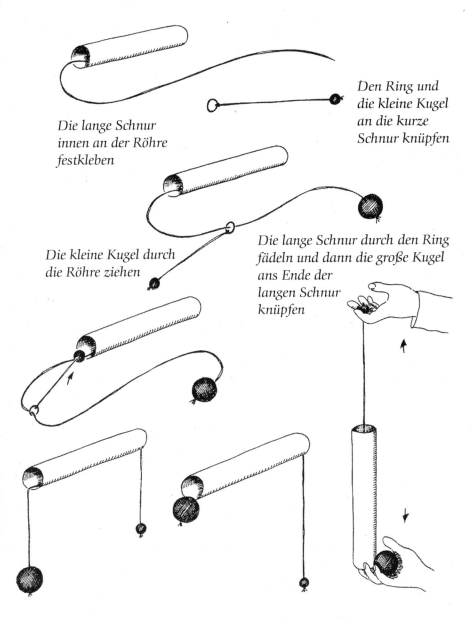

Die lange Schnur innen an der Röhre festkleben

Den Ring und die kleine Kugel an die kurze Schnur knüpfen

Die kleine Kugel durch die Röhre ziehen

Die lange Schnur durch den Ring fädeln und dann die große Kugel ans Ende der langen Schnur knüpfen

Fasse mit der rechten Hand das Ende der Röhre und die große Kugel. Ergreife mit der anderen Hand die kleine Kugel, spanne die Schnur und ziehe gleichmäßig an *beiden* Enden. Die Röhre steigt nach oben. Diesen Vorgang kannst du mehrmals wiederholen.

Der unversehrte Becher

Effekt:
Auf dem Zaubertisch befinden sich ein Hut und ein Pappbecher. Die Vorführung dieses Kunststückes kannst du mit folgendem Vers begleiten:

Wasser schütt ich in den Becher rein,
man sagt dazu auch Gänsewein.
Den Hut hier nehme ich als Schrank
und stell hinein den klaren Trank.
Als Nächstes kommt diese Tüte dran,
mit der ich richtig zaubern kann.
Der Becher wird hineingesteckt,
ist nicht mehr sichtbar, ganz verdeckt.
Ein leiser Spruch, ein lauter Schlag,
wo ist denn nun der Becher, sag?
Kann denn das die Wahrheit sein?
Im Hut steht er – voll Gänsewein.

Du benötigst dazu:
• zwei gewachste Pappbecher •
• einen Hut •
• eine Papiertüte •
• Wasser •

Vorbereitung:
Bei beiden Pappbechern schneidest du den oberen Rand ab, bei einem entfernst du den Boden. Den Pappbecher ohne steckst du in den mit Boden. Falls sein Rand oben etwas herausschaut, musst du ihn abschneiden.

Vorführung:
In die ineinander geschobenen Pappbecher auf dem Tisch gießt du Wasser (Abb. 2). Weil dir der Becher angeblich zu voll ist, schüttest du

Der Becher
ohne Boden
kommt in den
Becher mit
Boden

Abb. 1

Abb. 2

Abb. 3

Der Becher
ohne Boden
kommt in die
Tüte

Abb. 4

ein paar Tropfen aus, so kann jeder sehen, dass wirklich Wasser darin ist.
Vorsichtig stellst du nun die Becher – die nur als einer sichtbar sind – so in einen Hut, dass nichts überschwappt. Den Hut hast du vorher von deinen Zuschauern prüfen lassen. Dann holst du den Becher – aber nur den inneren ohne Boden heraus (Abb. 3) und stellst ihn ganz vorsichtig in eine Tüte (Abb. 4). Du hältst ihn dabei so, dass kein Zuschauer die Öffnung unten sehen kann. Jetzt pustest du einige Male in die Tüte, kreist mit der freien Hand darüber, bewegst wie zu einem leisen Zauberspruch die Lippen, knüllst die Tüte mit dem Becher darin plötzlich ganz fest zusammen und steckst alles in die Tasche. Anschließend machst du eine magische Bewegung über dem Hut und holst den unversehrten, gefüllten Becher daraus hervor.
Zu jedem vorgenommenen Schritt sprichst du die entsprechenden Zeilen des Verses.

16 Der verschwindende Knoten

Effekt:
Diesmal zauberst du mit einem Seil und der Hülse einer Streichholzschachtel. Zur Vorführung dieses Tricks kannst du folgenden Vers sprechen:

> Eine Hülse, eine Schnur,
> diese Dinge brauch ich nur.
> Ich will euch zeigen, was geschieht,
> wenn die Schnur die Hüls umgibt.
> Der Knoten, den ich jetzt noch mache,
> wird bald zur zauberhaften Sache.
> Ganz langsam, wie ihr jetzt entdeckt,
> werden Schnur und Knoten hier hineingesteckt.
> Heraus auf beiden Seiten ragen nur
> die Enden unserer Zauberschnur.
> Wird die Schnur nun grad gezogen,
> und die Hülse hin- und hergeschoben,
> ist der Knoten weggeflogen!

Du benötigst dazu:
• die Hülse einer Streichholzschachtel •
• eine Schnur •

Vorführung:
Du legst die Schnur quer um die Hülse der Streichholzschachtel, schlägst das rechte Ende über das linke und steckst das rechte Schnurende von unten nach oben hinter das linke. Jetzt hast du eine Verschnürung wie bei einem Paket (Abb. 1). Als Nächstes führst du das linke Schnurende von links nach rechts durch die Hülse der Schachtel (Abb. 2). Den Knoten schiebst du nach oben, drückst ihn lose zusammen und steckst ihn ebenfalls von links in die Hülse. Lass nur zwei Zuschauer die Enden der Schnur festhalten, schiebe die Hülse einige Male hin und her – und schon ist der Knoten verschwunden (Abb. 3).

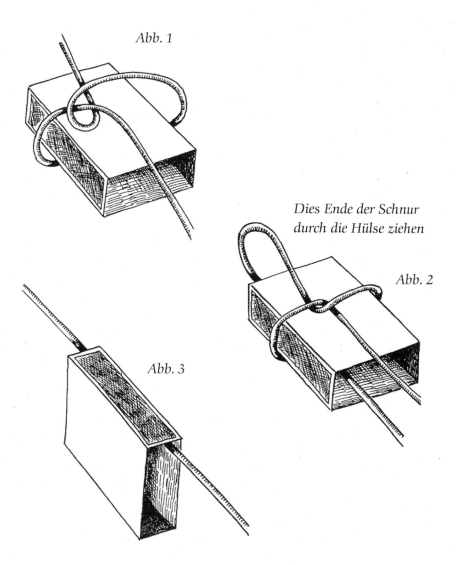

Abb. 1

Dies Ende der Schnur durch die Hülse ziehen

Abb. 2

Abb. 3

Der Zauberwürfel

Effekt:
Auf dem Tisch vor den Zuschauern stehen ein Zylinder, ein Teller, ein Würfel und eine Hülse. Mit diesen Dingen zeigst du einen Zaubertrick, bei dem der Würfel durch den Teller in den Hut gelangt. Du kannst dazu dieses Gedicht aufsagen:

> Dieser Würfel da, ihr seht es gut,
> er passt genau in meinen Hut.
> Ihr sollt ihn aber nochmals sehn,
> denn gleich wird was mit ihm geschehn.
> Ein Teller wird zum Untersatz
> und ist des Würfels neuer Platz.
> Ihn zugedeckt und alles auf den Hut gestellt,
> der Würfel durch den Teller fällt.
> Kein Klirren, Splittern wird vernommen
> und doch ist der Würfel im Hut angekommen.

Du benötigst dazu:
- einen Würfel
- ein Würfelkaschee

(Kaschee ist ein geheimer Einsatz, in den man Dinge hineingibt, die später wieder erscheinen sollen)

- eine Hülse
- einen Hut oder Zylinder
- einen Teller
- leichten Pappkarton
- Buntpapier
- Kleber

Vorbereitung:
Nach der Abbildung fertigst du dir aus Pappkarton den Würfel, das Würfelkaschee und die Hülse an. Bevor du das Kunststück zeigst, hast du das Würfelkaschee, das eine offene Seite hat, bereits über den Würfel gestülpt. Daneben stehen die Hülse, der Hut und der Teller.

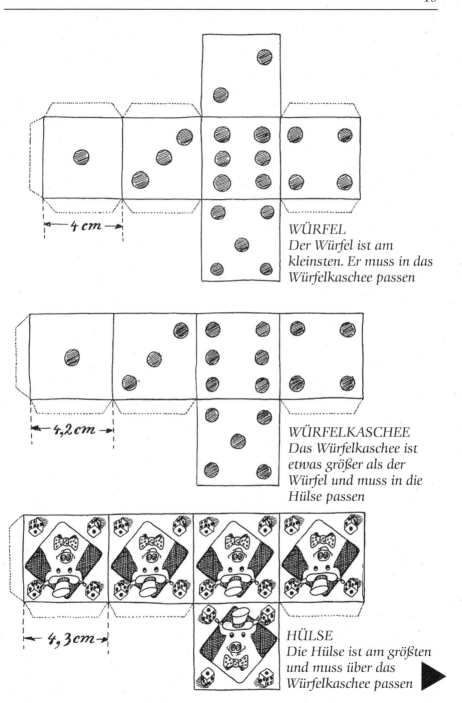

WÜRFEL
Der Würfel ist am kleinsten. Er muss in das Würfelkaschee passen

WÜRFELKASCHEE
Das Würfelkaschee ist etwas größer als der Würfel und muss in die Hülse passen

HÜLSE
Die Hülse ist am größten und muss über das Würfelkaschee passen

So müssen sie
übereinander
passen: Hülse
Würfelkaschee
Würfel

Vorführung:
Du lässt die Zuschauer in den leeren Zylinder sehen und stellst ihn mit der Öffnung nach oben auf den Tisch. Dann nimmst du die beiden ineinander gesteckten Würfel und zeigst sie als einen vor. Während du den Zuschauern erklärst, dass der Würfel gut in den Zylinder passt, gibst du ihn hinein, lässt den geschlossenen Würfel im Hut zurück und bringst den offenen wieder heraus, den du als den eigentlichen Würfel nochmals vorzeigst. Nun stellst du ihn mit der offenen Seite auf den Teller und beides auf die Zylinderöffnung. Anschließend stülpst du über den Würfel auf dem Teller die bunte Hülle und mit dem Wort „Simsalabim" hebst du die Hülle hoch. Der Würfel ist verschwunden – die Hülle ist leer. Denk daran, dass du beim Hochheben leicht mit den Fingern gegen die Hülle drückst, damit der offene Würfel nicht herausrutscht.
Erstaunt blicken die Zuschauer in die leere Hülle, und du holst den Würfel, der, wie du behauptet hast, den Teller durchdrungen hat, aus dem Zylinder heraus.

Das Lieblingstier

Effekt:

Du faltest ein Blatt Papier in drei gleiche Teile. Nun bittest du einen Zuschauer, auf die drei Felder jeweils den Namen eines Tieres zu schreiben, und zwar auf das mittlere Feld sein Lieblingstier. Anschließend darf der Zuschauer entlang der Falze den Zettel in drei Felder trennen. Gut gemischt bekommst du die Streifen zurück, hältst sie nacheinander an die Stirn und nennst sofort das Lieblingstier deines Zuschauers.

Du benötigst dazu:
- ein Blatt Papier (DIN A 4) •
- einen Stift zum Schreiben •

Vorbereitung:

Das Blatt Papier faltest du in drei gleiche Teile. Die Falze musst du mit dem Fingernagel gut nachstreifen, damit es leicht auseinander gerissen werden kann.

Vorführung:

Nachdem der Zuschauer die drei Tiere wie angegeben auf dem Blatt Papier notiert hat, teilt er dieses entlang der Falze in drei Teile und mischt alles gut durch. Trotzdem kannst du sofort sein Lieblingstier nennen. Das Geheimnis liegt darin, dass nur der mittlere Zettel, auf dem sein Lieblingstier steht, zwei Abrisskanten hat.

Das Lieblingstier: oben und unten gerissene Papierkante

Wo ist der Cent?

Effekt:
Du zeigst deinen Zuschauern zwei gleich aussehende Streichholzschachteln. In einer liegt ein Cent, die andere Schachtel ist leer. Nun schließt du die Schachtel und verschiebst sie einige Male auf dem Tisch. Lass die Zuschauer danach raten, in welcher Schachtel sich der Cent befindet. So sehr sich deine Zuschauer auch bemühen, die Schachtel mit dem klappernden Cent zu erraten, es wird ihnen nicht gelingen. Zur Vorführung kannst du auch nachstehenden Vers verwenden:

Hier zwei Schachteln auf dem Tisch,
nur eine klappert laut und frisch.
Schaut und hört – ich führ's euch vor,
spitzt ganz fest nun euer Ohr!
Passt nur alle recht gut auf,
welche klappert – kommt ihr drauf?

Du benötigst dazu:
• Drei leere, gleich aussehende Streichholzschachteln •
• zwei Ein-Cent-Münzen •
• Kleber •

Vorbereitung:
In die Lade einer Schachtel klebst du einen Cent. Eine Schachtel bleibt leer. In die dritte legst du einen Cent und verbirgst sie in deinem rechten Ärmel. Sie darf auf keinen Fall zu sehen sein.

Vorführung:
Nachdem du die beiden Schachteln vorgezeigt und mehrmals auf dem Tisch verschoben hast, fragst du deine Zuschauer, ob sie sagen können, in welcher Schachtel sich der Cent befindet. Die Schachtel, auf die sie zeigen, nimmst du in die linke Hand und schüttelst sie. Kein Klappern. Als Beweis, dass sich der Cent in der anderen Schachtel befindet, nimmst du diese mit der rechten Hand auf und schüttelst sie. Das Klappern besorgt der Cent in der verborgenen Schachtel im Ärmel. Dieses Kunststück kannst du mehrmals wiederholen.

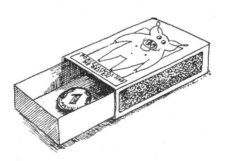

Das Häschen im Zylinder

Effekt:
In der Hand hältst du einen kleinen schwarzen Zylinder. Du deutest ein Hineinschauen in den Zylinder an, schüttelst den Kopf, weil nichts zu sehen ist. Laut und deutlich sprichst du nun den Zaubervers:

Schaut euch den Zylinder an!
Er ist schwarz und sonst nichts dran.
Ein lauter Zauberspruch – hurra!
Schon ist ein weißes Häschen da.

So schnell das Häschen erschienen ist, verschwindet es auch wieder.

Du benötigst dazu:
• schwarzen Karton •
• weißen Karton •
• Pergamentpapier •
• Kleber •
• schwarzen Filzstift •
• Schere •

Vorbereitung:
Die Teile der Abbildungen sind die natürliche Größe des Zylinders und Häschens. Du paust alles mit Pergamentpapier ab, überträgst es auf den Karton, schneidest die Teile aus und klebst den Zylinder wie folgt zusammen:
Lege Teil A auf den Tisch. Darauf klebst du die Teile B und C, aus denen du vorher die Mittelteile herausgeschnitten hast. Zuletzt wird aus Teil D der Mittelstreifen ausgeschnitten. Um Teil D auf C zu befestigen, wird Teil C mit Kleber versehen und Teil D darauf gedrückt. Auf Teil A und B darf dabei kein Kleber kommen.
Dem Häschen malst du nach Abbildung mit schwarzem Filzstift das lustige Gesicht und die übrigen Konturen auf. Es wird ganz in den Zylinder gesteckt.

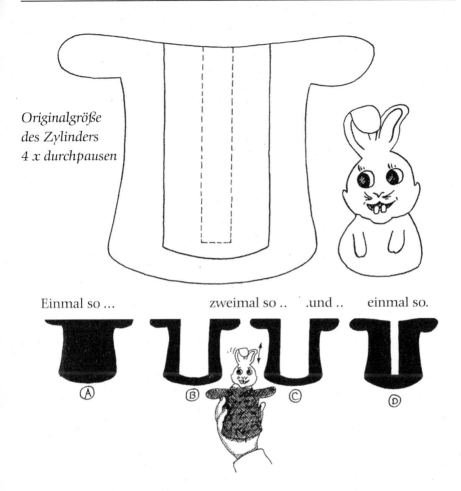

Vorführung:

Nimm den Zylinder so in die Hand, wie du es auf der Abbildung siehst! Mit der angefeuchteten Kuppe des Zeigefingers drückst du durch den Schlitz von hinten auf das Häschen und schiebst es nach oben. Es schaut aus dem Zylinder. Soll es verschwinden, ziehst du es mit dem Zeigefinger nach unten. Du kannst auch ein vorwitziges Häschen daraus machen, das sich munter rauf und runter bewegt, wenn du den Zeigefinger abwechselnd rasch nach oben und unten führst.

Eine Münze verschwindet

Effekt:
In deine linke Hand, über welche ein Tüchlein hängt, gibst du mit der rechten Hand eine Münze. Die Zuschauer sehen sie deutlich oberhalb des Tüchleins. Nun lässt du die Münze in das Tüchlein bzw. in die linke Hand rutschen, fasst das Tüchlein an einer herunterhängenden Ecke und ziehst es von der linken Hand ab. Die Münze ist spurlos verschwunden.

Du benötigst dazu:
- ein Tüchlein •
- eine Münze •
- einen Gummiring •

Vorbereitung:
Ziehe den kleinen Gummiring so über den Zeige- und Mittelfinger deiner linken Hand, wie es die Abb. 1 zeigt, und du bist fertig.

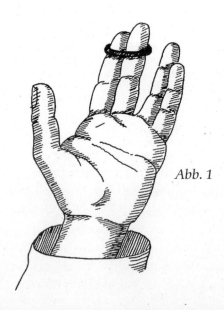

Abb. 1

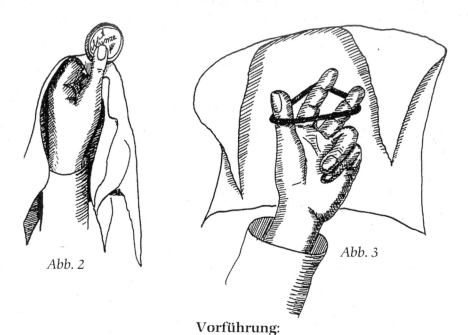

Abb. 2

Abb. 3

Vorführung:

Halte das Tüchlein an einer Ecke in der linken Hand und lasse es herunterhängen. In der rechten Hand zeigst du deutlich sichtbar die Münze vor. Nun übernimmt die rechte Hand für einen Augenblick das Tüchlein, um es gleich darauf über die linke Hand zu legen. Der Gummiring muss dabei sehr gut verborgen gehalten werden. Jetzt übergibst du die Münze in die linke Hand, die sie mit Daumen und Zeigefinger festhält (Abb. 2). Die Münze wird mit der rechten Hand nochmals abgenommen, um gleich wieder in die linke Hand zu wandern. Bevor du diesmal die Münze ergreifst, steckst du den Daumen unter der Deckung des Tüchleins in den Gummiring und spreizt die Finger, wie es in der Abb. 3 gezeigt ist. Wenn die Münze jetzt in die linke Hand gelangt, schiebst du sie ganz hinein und lässt den Gummiring von deinen Fingern rutschen.

Die Münze wird dadurch im Tüchlein eingeschlossen. Du ergreifst jetzt eine herunterhängende Ecke des Tüchleins und ziehst dieses von der linken Hand mit einer raschen Bewegung nach unten ab. Schüttle das Tüchlein aus, die Münze ist verschwunden, denn sie hängt – gehalten durch das Gummiband – im Tuch. Das Tüchlein wird abgelegt und beide Hände können leer vorgezeigt werden.

Der Münzensprung

Effekt:
Du nimmst in jede Faust eine Münze. Von einem Zuschauer lässt du dir danach noch je eine Münze auf jede Faust legen. Nach einer schnellen Bewegung beider Fäuste befinden sich plötzlich in der einen drei und in der anderen nur eine Münze.

Du benötigst dazu:
• vier gleich aussehende Münzen •

Vorführung:
Auf dem Tisch liegen vier Münzen. Nimm in jede Hand eine, schließe beide Hände zur Faust und lege sie mit dem Handrücken nach unten auf die Platte. Nun bittest du einen Zuschauer, die beiden anderen Münzen auf je eine Faust zu legen. Mach eine rasche Bewegung mit den Fäusten, sodass die beiden aufliegenden Münzen herunterzufallen scheinen. In Wirklichkeit stammen beide gefallenen Münzen von der rechten Hand. Sie lässt nämlich die obere Münze und gleichzeitig die in der Hand befindliche auf den Tisch gleiten. Die linke Hand dagegen holt mit dem Daumen die auf der Faust liegende Münze vor dem Fall rasch herein, sodass sich hier nun zwei Münzen befinden. Damit niemand etwas merkt muss die leere rechte Faust sofort wieder geschlossen werden. Bei den Zuschauern entschuldigst du dich für deine scheinbare Ungeschicklichkeit und sagst, dass der Trick nicht immer beim ersten Mal gelingt. Ein Zuschauer legt dir nun noch einmal je eine Münze auf die geschlossene Hand. Jetzt bewegst du die Fäuste wie vorher rasch aufeinander zu und holst mit je einem Daumen die sichtbaren Münzen in die Faust. Danach öffnest du die Hände und aus der einen Hand purzeln drei Münzen, aus der anderen aber nur eine!

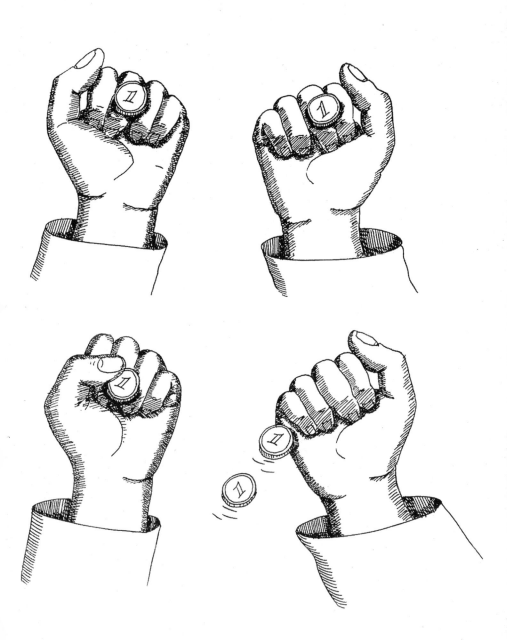

Ein Tüchlein verschwindet

Effekt:
Über einer Stuhllehne hängt ein Tüchlein; du weist darauf hin und zeigst deine leeren Hände. Zu der Vorführung dieses Kunststückes kannst du folgenden Vers sprechen:

*Mit diesem Tüchlein wird jetzt was geschehn,
doch zuerst sollt ihr meine leeren Hände sehn.
Ich stopf das Tüchlein fest in meine Hand,
bis weg ist auch der letzte Rand.
Ihr könnt nun suchen überall,
es ist verschwunden, wurde zum Ball.*

Du benötigst dazu:
- einen einfachen Holzstuhl •
- ein Seidentüchlein •
- einen Tischtennisball mit Loch •
- einen Reißnagel •

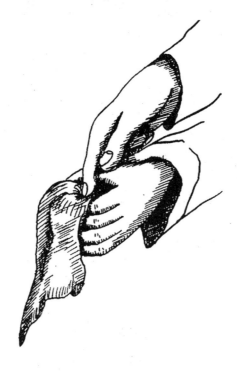

Vorbereitung:
An der Rückseite der Stuhllehne drückst du vorher den Reißnagel zur Hälfte ein. An diesen Reißnagel hängst du den Ball mit dem Loch. Er darf von den Zuschauern natürlich nicht gesehen werden. Das Seidentüchlein hängst du so über die Stuhllehne, dass eine Ecke den Ball verbirgt.

Vorführung:
Als erstes zeigst du deine beiden leeren Hände vor. Dann ergreifst du mit der rechten Hand den Ball und gleichzeitig das Tüchlein. Der Ball ist nicht zu sehen, weil er von dem Tüchlein abgedeckt wird. Nun übergibst du beides so in deine linke Hand, dass der linke Handrücken den Zuschauern zugewandt ist und das Tüchlein vor dem Handrücken herunterhängt. Mit dem Zeigefinger der rechten Hand stopfst du es nun nach und nach in das Loch des Balls hinein. Für die Zuschauer sieht es aus, als würdest du das Tüchlein in die Faust stecken. Ist das Tüchlein vollkommen in dem Ball, deckst du mit dem Daumen das Loch ab und zeigst den Zuschauern den Ball. Das Tüchlein ist verschwunden!

Die Farbenschnüre

Effekt:
Zwischen drei Röhrchen sind eine gelbe und eine rote Schnur gespannt. Wie du damit zauberst, sagst du mit folgenden Versen:

Die Röhrchen und die Schnüre hier,
das alles, ja, das sehen wir.
Doch aufgepasst, jetzt kommt der Trick,
merkt gut, wo Rot und Gelb noch liegt!

Das eine Röhrchen fährt im Nu
auf das andere hinzu.
Seht und staunt, die Farben sind verkehrt,
Rot wurde Gelb und umgekehrt!
Fährt das Stäbchen öfters nieder,
wechseln stets die Farben wieder.

Du benötigst dazu:
• rote und gelbe Kordelschnur (je 60 cm lang) •
• drei Röhren aus Plastik oder Alu •
(ca. 8 cm lang mit ca. 1 cm Durchmesser)
• sechs kleine Korken •
• Farbe •
• ein Stückchen Draht •

Vorbereitung:
Zunächst an einem Ende jeder Kordel einen Knoten machen. Dann in eine Röhre vier, in die anderen beiden je zwei Löcher bohren.
Nachdem du in den Draht eine Schlaufe gemacht hast, fädelst du mit ihm die rote und die gelbe Kordel durch die drei Röhren, wie die Abbildung es zeigt. Wichtig ist, dass die beiden Kordeln sich in der mittleren Röhre einmal kreuzen. Nachdem beide Kordeln eingezogen sind, sollen die beiden äußeren Röhren bei gespannten Kordeln etwa 45 cm voneinander entfernt liegen. Bei dieser Länge werden nun an den noch freien

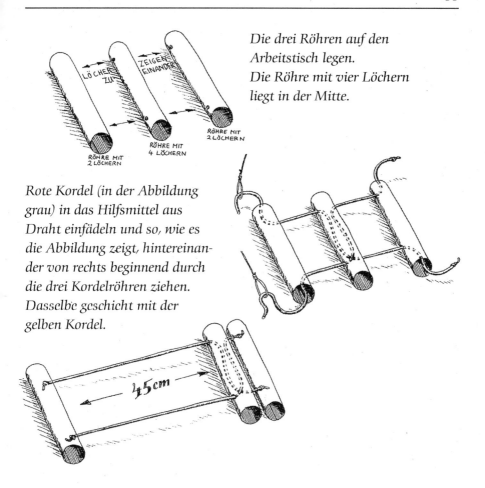

Die drei Röhren auf den Arbeitstisch legen. Die Röhre mit vier Löchern liegt in der Mitte.

Rote Kordel (in der Abbildung grau) in das Hilfsmittel aus Draht einfädeln und so, wie es die Abbildung zeigt, hintereinander von rechts beginnend durch die drei Kordelröhren ziehen. Dasselbe geschieht mit der gelben Kordel.

Enden der Kordel gemacht. Vor dem Verpfropfen der Röhren mit den Korken musst du überprüfen, ob sie nach dem Farbenwechsel auch waagerecht zueinander stehen; das heißt, dass beide Schnüre die gleiche Länge haben, nachdem die Knoten gemacht worden sind.

Vorführung:

Die Vorführung ist ganz einfach. Du nimmst oben das zweite Röhrchen und fährst wie im Vers beschrieben, auf das untere zu. Schon haben die Farben der Kordeln gewechselt. Nun drehst du alles um, sodass die beiden Röhren wieder oben sind, und führst deinen Zuschauern den Trick erneut vor.

Die Knalltüte

Effekt:
Mit einer Tüte und einem Seidentüchlein in den Händen trittst du vor die Zuschauer und während deiner Darbietung sprichst du diesen Vers:

Eine Tüte in der Hand,
ist wohl jedem schon bekannt.
Schaut bitte einmal alle her,
diese Tüte ist ganz leer!
Ein Tüchlein wird hineingelegt
und mit Knall hinweggefegt.
Wieder ist er mir geglückt,
dieser kleine Tütentrick.

Du benötigst dazu:
• Packpapier (40 x 20 cm) •
• Packpapier (20 x 20 cm) •
• Tesafilm •
• Kleber •
• ein dünnes Tüchlein •

Vorbereitung:
Das größere Stück Packpapier faltest du der Länge nach einmal in der Mitte. Der geschlossene Falz des entstandenen Quadrates liegt links (Abb. 1 und 2). Nun klappst du die rechten beiden oberen Ecken zur unteren und fährst den Falz gut nach (Abb. 3). Von dem jetzigen Dreieck schlägst du den oberen Flügel auf, bestreichst ihn mit Kleber und drückst den anderen Flügel darauf. Jetzt hast du ein Quadrat mit einer offenen Seite als Tasche (Abb. 4 und 5). Nun nimmst du das zweite Stück Packpapier, faltest es zu einem Dreieck und schneidest es an der Faltlinie durch. Das erhaltene Dreieck schlägst du noch mal zu einem kleineren zusammen und klappst es wieder auf (Abb. 6 und 7). Das vorher geklebte Quadrat liegt so vor dir, dass die offene Tasche oben ist und eine Ecke zu dir zeigt. Das ausgeschnittene Dreieck kommt nun Falz auf

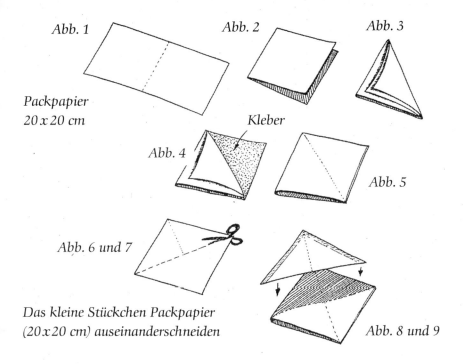

Abb. 1 Packpapier 20 x 20 cm

Abb. 2 Kleber

Abb. 3

Abb. 4

Abb. 5

Abb. 6 und 7

Das kleine Stückchen Packpapier (20 x 20 cm) auseinanderschneiden

Abb. 8 und 9

Falz auf den unteren Teil des Quadrates, dass sich die Ecken decken (Abb. 8 und 9). Alles wird mit Tesafilm eingefasst, damit die entstandene Dreiecktasche hält.

Vorführung:
Du nimmst die Knalltüte in die rechte Hand, drückst sie etwas zusammen, sodass eine rundliche Öffnung entsteht, und lässt die Zuschauer in die leere Tüte sehen. Dann ergreifst du das Tüchlein mit der linken Hand und steckst es in die Tütenöffnung.
Die Tüte schließt du mit der linken Hand durch leichtes Zusammendrücken am oberen Rand. Fasse sie mit der rechten Hand an der oberen höchsten Ecke und halte sie so hoch, dass die offene Seite nach vorne zeigt! Schlage sie nun rasch und kräftig einmal nach unten! Dabei ist ein Knall zu hören und der kleine Falteinsatz springt heraus.
Nun zeigst du die offene leere Tüte und presst dabei das Zwischenfach, in dem ja noch das Tüchlein steckt, mit der linken Hand fest zusammen.

Chinesischer Trickdiebstahl

Effekt:
Du zeigst eine Schnur mit aufgefädelten „chinesischen Münzen". Bitte einen Zuschauer, die beiden Enden der Schnur zu halten. Mit einem Tüchlein deckst du anschließend alles zu, und gleich darauf liegen die „Münzen" lose in deiner Hand. Das Seil ist unversehrt.

Du benötigst dazu:
• eine Schnur •
• mehrere Pappringe •

Vorbereitung:
Aus Karton schneidest du mehrere gleich große Ringe aus, die chinesische Münzen darstellen sollen. Einen davon steckst du vorher unter dein Uhrband. Er darf nicht gesehen werden.

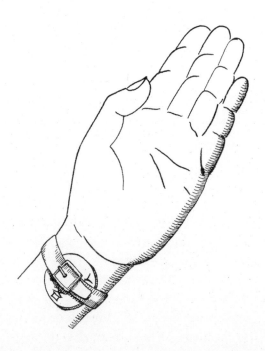

Vorführung:

Während du die Pappringe auf die Schnur fädelst, erzählst du deinem Publikum:

„Hier habe ich eine Schnur und Ringe, die chinesische Münzen darstellen sollen. Wie ihr vielleicht wisst, trugen die Chinesen früher ihre Geldstücke, die in der Mitte ein Loch hatten, auf Schnüren aufgefädelt bei sich. Natürlich passten sie gut darauf auf und ließen die Enden der Schnüre nicht los. Sie benutzten dabei eine besondere Art des Aufreihens. Die erste Münze fädelten sie auf, bei den übrigen zogen sie beide Enden der Schnur gleichzeitig durch das Loch; so konnten die Münzen nicht herunterfallen."

Nun bittest du einen deiner Zuschauer, den Chinesen zu spielen und die Schnurenden festzuhalten. Dann fährst du fort:

„Doch auch in China gab es Bösewichte. So konnte es passieren, dass ein geschickter Dieb, obwohl der Besitzer die beiden Enden der Schnur nicht losließ, die Münzen stibitzte."

Unter dem über Schnur und Münzen gelegten Tuch brichst du während deines Berichtes den untersten Kartonring entzwei und lässt alle Ringe in deine linke Hand fallen.

Dann höhlst du unauffällig mit der rechten Hand den Ring aus dem Uhrband und versteckst gleichzeitig die beiden zerbrochenen Ringhälften darunter.

In der linken Hand zeigst du anschließend die entwendeten „chinesischen Münzen" vor und weist darauf hin, dass dein Mitspieler die Schnurenden nicht einen Moment losgelassen hat.

Die Zauberpalme

Effekt:
Du zeigst den Zuschauern eine Zeitungsrolle. Dann schneidest du sie viermal mit der Schere bis zur Mitte ein und ziehst sie von innen aus in die Höhe. Beim Wachsen wirbelt Konfetti heraus. Eine hohe Palme ist entstanden.

Du benötigst dazu:
• Zeitungen •
• Schere •
• Konfetti •
• Tesafilm •

Vorbereitung:

Schneide aus der Zeitung Streifen von 21 cm Breite. Wenn du stattdessen verschiedenfarbiges Papier verwendest, kannst du auch eine bunte Palme hervorzaubern. Die einzelnen Papierstreifen werden mit Tesafilm aneinander geklebt, bis sie etwa zwei Meter Länge ergeben. Wenn du über die ganze Papierbahn etwas Konfetti streust, wirkt deine Vorführung noch effektvoller. Rolle den Streifen auf und klebe das Ende mit Tesafilm fest.

Vorführung:

Bei der Vorführung musst du die Rolle waagerecht halten, weil sonst das Konfetti herausfällt. Mit der Schere schneidest du die Rolle viermal bis zur Mitte ein und ziehst sie von innen nach oben auseinander. Die Palme wird höher und höher und Konfetti wirbelt heraus.

Papierringe

Effekt:
Du zeigst den Zuschauern drei Papierringe. Jeden von ihnen zerschneidest du vor ihren Augen und begleitest diese Handlung mit folgenden Versen:

Drei Ringe hab ich bloß,
wie ihr seht, sie sind gleich groß.
Den ersten nehme ich in diese Hand
und schneide ringsherum entlang.
Fertig bin ich mit dem Schneiden,
aus einem Ring wurden nun die beiden.

Gleich noch mal derselbe Schnitt,
immer vorwärts, nie zurück.
Wer glaubt, es wird dasselbe sein,
hat Unrecht und wundert sich obendrein.
Denn diesmal geht die Sache anders aus
ein großer Ring, der kommt heraus.

Aller guten Dinge sind meist drei,
ich schneid auch diesen Ring entzwei.
Die Schere schön entlanggeführt
und aufgepasst, was gleich passiert.
Ihr könnt's nicht ahnen, was gilt die Wette?
Es sind zwei Ringe ineinander wie in einer Kette.

Du benötigst dazu:
• drei Streifen Seidenpapier (etwa 100 cm lang und 3 cm breit) •
• Schere •
• Kleber •

Vorbereitung:
Den ersten Streifen klebst du zu einem Ring zusammen (Abb. 1).
Beim zweiten Streifen verdrehst du ein Ende einmal (180 Grad), bevor du diesen zum Ring zusammenfügst (Abb. 2).

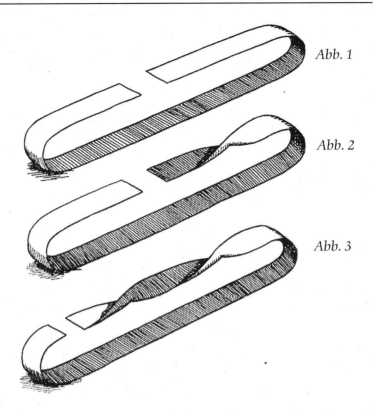

Abb. 1

Abb. 2

Abb. 3

Zweimal gedreht (360 Grad) wird der dritte vor dem Zusammenkleben (Abb. 3). Die Drehung der Papierstreifen wird bei der Größe der Ringe von den Zuschauern nicht erkannt.

Vorführung:
Der erste Ring wird der Länge nach durchgeschnitten, die Schere hältst du dabei normal. Ergebnis: zwei Ringe. Beim zweiten Ring schneidest du ebenso, hältst aber die Schere zur Täuschung nach unten. Ergebnis: ein großer Ring. Wenn du den dritten Ring durchschneidest, hältst du die Schere zu Abwechslung nach oben. Ergebnis: zwei ineinander hängende Ringe.

Entdeckt hat diesen Trick übrigens der Mathematiker August F. Möbius (1710–1868). Nach ihm wird dieser Ring das „Möbiussche Band" genannt.

Drei Buben

Effekt:

Mit einem Kartenspiel in der Hand trittst du vor die Zuschauer. Der Ablauf dieses Kartentricks und des Effektes wird im folgenden Vers geschildert:

Kartenspielen erfreut oft sehr,
Kartentricks oftmals noch mehr.
Drei Buben aus dem Spiel entnommen,
die alle ihren Platz bekommen:
Der erste obenauf gelegt,
der zweite in die Mitte
und untenhin der dritte.
Abgehoben schnell nach links,
wenn's richtig geht – gelingt's.
Auf diese Seite einmal mehr,
wie ihr seht, es ist nicht schwer.
Zum letzten Mal dasselbe Spiel,
und nun sind wir auch schon am Ziel.
Die Karten werden nachgesehn:
Drei Buben sind zusammen!
Könnt ihr das verstehn?

Du benötigst dazu:
• ein Kartenspiel •

Vorbereitung:
Aus einem Kartenspiel entnimmst du die vier Buben. Einen der Buben, von dem die Zuschauer nichts wissen, legst du auf den Kartenstapel.

Vorführung:
Zeige den Zuschauern die restlichen drei Buben, lege einen davon auf den Stapel, einen in die Mitte und einen unter den Stapel. Anschließend darf ein Zuschauer einmal abheben, der Rest der Karten wird obenauf gelegt. Dies geschieht noch zweimal. Nun werden die Karten nachgesehen: Die drei Buben liegen wieder beisammen. Zu jedem Vorgang sprichst du die dazu passenden Zeilen des Verses.

Das Tüchlein aus der Zeitung

Effekt:
Mit einem Zeitungsblatt in der Hand trittst du vor die Zuschauer. Während deiner Vorführung kannst du folgenden Vers sprechen:

> Ein Blatt Zeitung, wie ihr seht,
> schwarz auf weiß hier manches steht.
> Das nicht nur vorn, nein hinten auch,
> so ist es nun einmal der Brauch.
> Ein Schnipp, ein Schnapp ins Blatt hinein,
> was mag darin verborgen sein?
> Seht, ein Tüchlein kommt hervor,
> wie aus 'nem unsichtbaren Rohr.

Du benötigst dazu:
- ein dünnes Tüchlein •
- einen Gummiring •
- ein Zeitungsblatt •

 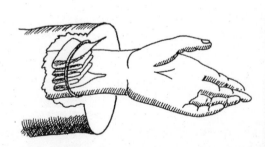

Vorbereitung:
Das Tüchlein fasst du an einer Ecke und faltest es ziehharmonikaförmig zusammen. Dieses Päckchen klemmst du unter einen Gummiring, den du um das linke Handgelenk trägst. Das Päckchen darf nicht aus dem Ärmel hervorragen.

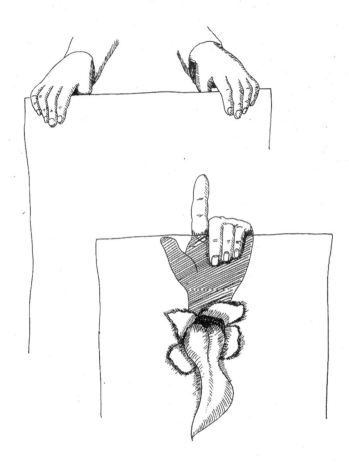

Vorführung:
Du fasst das Zeitungsblatt an den beiden oberen Ecken der Schmalseite und zeigst es von beiden Seiten. Dann hältst du es mit der linken Hand oben fest, während du mit dem rechten Mittelfinger ein Loch in das Zeitungsblatt schnippst. Nun ziehst du mit dem Finger das Tüchlein aus der Halterung, aber noch nicht durch die Zeitung. Senke die Zeitung etwas, gehe mit dem Ellenbogen in die Höhe und ziehe dann das Tüchlein halb durch die Zeitung. Jetzt zeigst du das Tüchlein mit der Zeitung von beiden Seiten her.
Danach ziehst du es ganz heraus.
Zu jedem Schritt kannst du die entsprechenden Zeilen des Verses sprechen.

Die Zaubertüte

Effekt:

Mit einer selbst gefertigten Tüte kannst du Dinge verschwinden und auch wieder erscheinen lassen. Den Effekt verrät dir folgendes Gedicht:

Eine Karte und die beiden Ringe hier
leg ich in die Tüte aus Papier.
Dreh ich diese jetzt nach unten,
alle Dinge sind verschwunden.
Will zurück ich alle Sachen,
brauch ich keinen Umweg machen.
Ich schütt den Inhalt einfach aus
und alles fällt sofort heraus.

Du benötigst dazu:
- ein Zeichenblatt DIN A 4 •
- eine kleine Spielkarte •
- zwei kleine Ringe aus Karton •

Vorbereitung:

Aus dem Zeichenblatt bastelst du eine Tüte nach den Abbildungen. Du beginnst folgendermaßen: Du legst das Zeichenblatt so zurecht und faltest es in der Mitte, entlang der gestrichelten Linie. Der Knick wird mit dem Fingernagel fest nachgestrichen. Breite das Zeichenblatt wieder aus.

Die linke obere Ecke schlägst du bis zur Mitte des Zeichenblattes ein. Den Bug fährst du wieder mit dem Fingernagel nach.

Das Gleiche machst du mit der rechten unteren Ecke. Nun schlägst du die linke untere Ecke bis zur Mittellinie ein. Den Knick musst du wieder nachfahren.

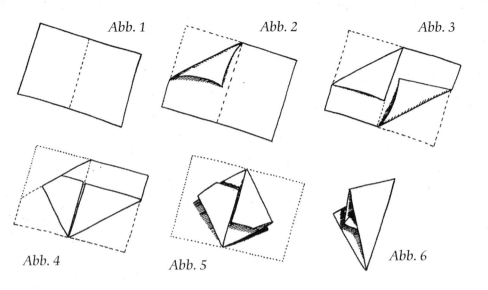

Abb. 1   Abb. 2   Abb. 3
Abb. 4   Abb. 5   Abb. 6

Ebenso machst du es mit der rechten oberen Ecke. Knick nachfahren! Die gefalteten Teile schlägst du von der Seite her zusammen und die Form der Tüte ist fertig.
Damit die Tüte aber zusammenbleibt, steckst du einen eingeschlagenen, inneren Flügel in den anderen.

Vorführung:
Zeige die Papiertüte leer vor und achte darauf, dass die zweite Öffnung der Tüte zu dir gerichtet ist. Du legst nun einen Ring, die Karte und dann den anderen Ring in die Tüte. Jetzt übergibst du die Tüte in die andere Hand, die diese von oben erfasst und einige Male schüttelt. Die zweite Öffnung ist nun nach oben gerichtet. Du kannst die Tüte jetzt mit der Öffnung nach unten halten, nichts wird herausfallen.

Um alles wieder erscheinen zu lassen, verfährst du in umgekehrter Reihenfolge. Wenn du die Tüte jetzt mit der Öffnung nach unten hältst, fallen die Ringe und die Karte heraus. Selbstverständlich kannst du auch andere flache Dinge, wie Münzen, Chips, Bildchen usw. verwenden.

Flaschenwanderung

Effekt:
Zwei Röhren stehen auf deinem Zaubertisch, in die Mitte davor stellst du eine kleine Flasche. Während deiner Vorführung sprichst du die Verse:

Hier ein Rohr und da ein Rohr,
eine Flasche steht davor.
Liebe Leute, bitte sehr,
beide Röhren sind ganz leer.

Unter diese Röhre rein
stell ich meine Flasche Wein.
Wie ihr seht, sie steht noch gut
unter diesem hohen Hut.

Doch passt auf, es ist was los,
dieses Kunststück ist ganz groß.
Ritzeratze, ratz, ratz, ratz,
Flasche wechsle deinen Platz!
Eil von hier nach dort geschwind,
flieg hinüber wie der Wind!

Ich schau jetzt mal dort oben rein.
Sie ist schon hier, die Flasche Wein!

Welch große Kunst, welch wahres Glück,
doch Flasche marsch, jetzt schnell zurück!

Ihr Zaubermächte habet Dank,
dass dieser große Trick gelang!

Du benötigst dazu:
• *zwei Pappröhren (Toilettenpapierrollen)* •
• *ein Fläschchen aus dem Kinderkaufladen* •
(es muss etwas niedriger sein als die Pappröhren)
• *zwei Streifen Buntpapier oder Klebefolie zum Bekleben der Röhren* •

Vorführung:

Du zeigst den Zuschauern, dass beide Röhren leer sind. Dann stellst du unter die linke Röhre das Fläschchen. Diese Röhre hebst du ein wenig an, um zu zeigen, dass das Fläschchen wirklich darunter ist.

Beim nächsten Teil des Verses wechselt das Fläschchen seinen Platz natürlich nicht, aber du musst es mit einer Handbewegung andeuten und vortäuschen. Nun schaust du oben in die rechte Röhre hinein und sagst überrascht: Sie ist schon hier, die Flasche Wein!

Jetzt machst du schnell weiter, damit die Zuschauer nicht dazu kommen, dich aufzufordern, das Fläschchen zu zeigen, das ja nicht angekommen ist.

Beim nächsten Vers deutest du wieder die Rückwanderung des Fläschchens durch Handbewegung an. Danach hebst du die linke Röhre hoch und zeigst das zurückgewanderte Fläschchen.

Zu jeder Handbewegung sprichst du die dazu passenden Zeilen des Verses.

Akustische Illusion

Effekt:
Auf deiner linken Handfläche steht eine kleine Glocke. Du läutest mehrmals damit und übergibst sie gleich darauf einem Zuschauer mit der Bitte, das Gleiche zu tun. Beim Zuschauer gibt die Glocke aber keinen Ton von sich.

Du benötigst dazu:
• eine kleine Glocke •
• eine Sicherheitsnadel •
• etwa 50 cm schwarze Hutgummischnur •

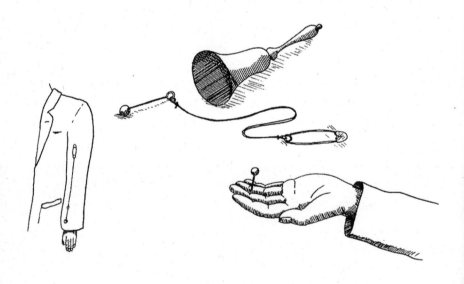

Vorbereitung:
Den Klöppel der Glocke hängst du aus und biegst die Öse des Klöppels wieder zu. In die Öse des Klöppels knüpfst du ein Ende der Hutgummischnur. An das andere Ende der Gummischnur kommt die Sicherheitsnadel. Diese befestigst du an der Innenseite des linken Armloches deiner Jacke, nachdem du die Schnur durch den Ärmel geführt hast. Sie darf

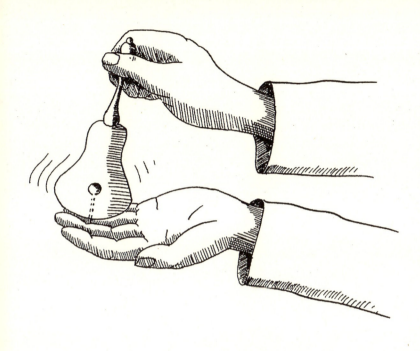

nur so lang sein, dass der Klöppel vom Ärmel noch ganz verdeckt wird. Nun ziehst du den Klöppel aus dem Ärmel heraus und klemmst ihn zwischen Mittel- und Ringfinger. Die Gummischnur läuft unten über den Handrücken in den Ärmel und ist dabei gespannt. Über den Klöppel stülpst du die Glocke. Jetzt bist du fertig für deinen Auftritt.

Vorführung:
Du zeigst dem Publikum die linke Hand mit der Glocke und läutest zwei- oder mehrmals. Dabei musst du darauf achten, dass der Klöppel zwischen den Fingern festgeklemmt bleibt und senkrecht steht, wenn du anschlägst. Nach dem letzten Läuten lockerst du den Druck zwischen den Fingern und der Klöppel schnellt in den Ärmel. Nun stellst du die Glocke auf den Tisch und bittest einen Zuschauer, damit zu läuten. Er wird ihr keinen Ton entlocken, da der Klöppel fehlt.

3 Becher und 1 Würfel

Effekt:
Du stellst drei umgestülpte Becher auf den Tisch und bittest einen Zuschauer, den Würfel unter einem der drei Becher zu verstecken. Um dich besser „konzentrieren" zu können, wendest du dich um und sagst, die anderen beiden Becher sollen ihren Platz wechseln, man soll einfach ihre Position vertauschen. Anschließend berührst du alle drei Becher mit einem Finger, hebst einen Becher hoch, und tatsächlich, der Würfel liegt darunter.

Du benötigst dazu:
• drei gleiche Pappbecher •
• einen Spielwürfel •

Vorbereitung:
Ein Becher hat ein für die Zuschauer nicht erkennbares Merkmal, z. B. ein kleines Pünktchen, eine kleine Einkerbung mit dem Fingernagel, eine winzige Ausbuchtung von innen am Boden des Bechers durch eine Nadelspitze oder Ähnliches. Dieser gekennzeichnete Becher ist der Schlüssel zum Gelingen des Experiments.

Vorführung:

Bevor du dich abwendest, kennst du also die Position deines Bechers, ob er links, in der Mitte oder rechts steht. Befindet er sich, nachdem du dich wieder umgedreht hast, an derselben Stelle wie vorher, dann muss der Würfel unter ihm liegen. Hat dein Becher eine andere Position als vorher, dann ist der Würfel weder unter diesem noch unter jenem, der an der Stelle steht, die dein Becher ursprünglich eingenommen hat. Eine Position bleibt übrig und nur dort kann der Würfel sein.

Die geheimnisvolle Durchdringung

Effekt:
Du legst ein Seidenband so über ein Lineal, dass es zu beiden Seiten von ihm herabhängt. Anschließend ziehst du an beiden Enden des Bandes, und dieses durchdringt „sichtbar" das Lineal. Band und Lineal bleiben unversehrt.

Du benötigst dazu:
• ein etwa 20 cm langes Holzlineal •
• ein Seidenband (etwa 1,5 cm breit und 60 cm lang) •
• ein Stückchen doppelseitig klebenden, durchsichtigen Tesastreifen •

Vorbereitung:
Vor deinem Auftritt klebst du den doppelseitig haftenden Tesastreifen auf das Lineal. Dann legst du Band und Lineal griffbereit auf deinen Zaubertisch.

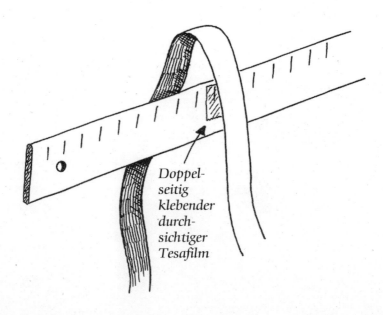

Doppelseitig klebender durchsichtiger Tesafilm

Vorführung:

Zuerst zeigst du beide Dinge vor, dann hängst du das Band über das Lineal, und zwar an der Stelle, wo der Tesastreifen klebt. Dabei drückst du mit dem Daumen das Band an den Tesastreifen und lässt flüchtig die Rückseite des Lineals mit dem darüber hängenden Band sehen.

Während du das Lineal wieder von der Vorderseite zeigst, schlägst du unbemerkt den rückwärtigen Teil des Bandes rasch über das Lineal nach vorn. Es sieht immer noch so aus, als würde das Band wie zu Beginn über dem Lineal hängen. In Wirklichkeit ist es nun vor dem Lineal und wird vom Tesaband am Herabfallen gehindert.

Du fasst beide Bandteile etwa in der Mitte und ziehst mit leichtem Druck des Daumens das vordere Band nach unten. Dadurch entsteht der Eindruck, als würde das Band das Lineal durchdringen. Danach kannst du das Band und das Lineal unbeschädigt vorzeigen.

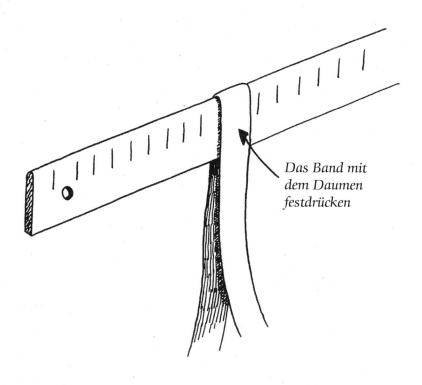

Das Band mit dem Daumen festdrücken

Dinge drehen sich von selbst

Effekt:
Du legst einen leichten Gegenstand wie Bierdeckel, Spielkarte, Pfeil oder Ähnliches auf deine ausgestreckten Finger, wobei sich die Gegenstände auf geheimnisvolle Art und Weise drehen.

Du benötigst dazu:
• Klebewachs, Hafti oder Kaugummi •
• eine Niete mit flachem Kopf – hautfarben gestrichen •
• Spielkarte •
• Pfeil •
• Bierdeckel •
• Häschen oder Ähnliches •

Vorbereitung:
Das Häschen oder den Pfeil kannst du leicht aus einem Stück Pappkarton herstellen. Drücke etwas Klebewachs oder Hafti auf den flachen Kopf der Niete und stecke das Hilfsmittel zwischen Zeige- und Mittelfinger.

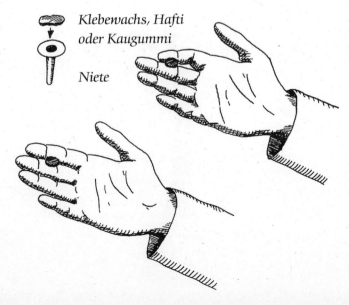

Klebewachs, Hafti oder Kaugummi

Niete

Vorführung:

Drücke die Spielkarte oder eines der genannten Dinge so auf die Niete, dass die Mitte des Gegenstandes auf dem Wachs festklebt. Bewege nun deinen Zeigefinger am Mittelfinger entlang in Richtung Handgelenk. Dadurch wird die Niete gerollt und der Gegenstand darauf dreht sich mit. Das Häschen will z. B. immer auf dem Kopf stehen, der Pfeil zeigt geheimnisvoll in verschiedene Richtungen. Vielleicht kannst du diesen kleinen Trick mit anderen Kunststücken kombinieren. Es ist natürlich, wie bei allen anderen Vorführungsarten auch, darauf zu achten, dass der Zuschauer das Hilfsmittel nicht zu sehen bekommt.

Kartenzauber

Effekt:

Nachdem du den Zuschauern eine rote und eine blaue Karte gezeigt hast, wirfst du beide in einen leeren Hut. Die rote Karte nimmst du wieder heraus und steckst sie in die Jackentasche. Sage dazu einen Zauberspruch. Anschließend ziehst du aus der Jackentasche die blaue Karte hervor und aus dem Hut die rote. Beide Karten kannst du zum Untersuchen herzeigen.

Du benötigst dazu:
· drei beliebige Spielkarten ·
· rote und blaue Klebefolie ·
· Zylinder/Hut ·

Vorbereitung:

Beklebe die Spielkarten so, dass eine auf beiden Seiten rot, die andere beidseitig blau, die dritte auf der einen Seite rot und auf der anderen blau ist.

Vorführung:

Stecke die blaue Karte vorher heimlich in die Jackentasche. Die beidseitig rote Karte und die rot-blaue Karte liegen auf dem Tisch. Bei der Doppelfarbkarte schaut die blaue Seite nach oben. Nimm beide Karten vom Tisch, fächere sie auf und erkläre den Zuschauern, dass du eine rote und eine blaue Karte hast.

Zum Beweis drehst du die beidseitig rote Karte um, damit man sieht, dass sie auf der Rückseite auch rot ist. Die Zuschauer glauben natürlich, dass die andere Karte, die du nicht umdrehst, beidseitig blau ist.

Nachdem du beide Karten in den Hut gelegt hast, nimmst du die doppelfarbige, mit der roten Seite sichtbar, wieder heraus und steckst sie in die Jackentasche.

Vorsicht, nicht die blaue Rückseite sehen lassen!

Sage einen Zauberspruch und hole aus dem Hut die rote und aus der Tasche die beidseitig blaue Karte heraus. Die doppelfarbige Karte bleibt in der Tasche. Die Karten haben auf geheimnisvolle Weise ihre Plätze gewechselt. Zeige den leeren Hut und die Karten von beiden Seiten. Du kannst sie auch untersuchen lassen.

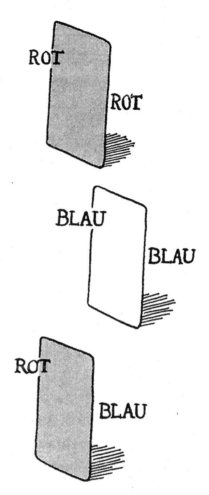

Der Zauberschlüssel

Effekt:
Du gibst ein Seil in einen Hut und lässt beide Enden nach außen über den Rand herabhängen. Dann legst du deinen Zauberschlüssel ebenfalls in den Hut und sagst dazu diesen Zauberspruch:

Ich zähle still einmal bis zehn
und jetzt ist es bereits geschehn.
Zauberschlüssel, wunderbares Ding,
hängst plötzlich auf dem Seil wie auf einem Schlüsselring.

Dabei ergreifst du das Seil an je einem Ende und zeigst den nun auf dem Seil hängenden Schlüssel. Die Zuschauer werden erstaunt sein, wie es dir möglich war, den Schlüssel auf das Seil zu bekommen.

Du benötigst dazu:
• einen Hut •
• einen großen Schlüssel •
• ein Seil (etwa 50 cm lang) •
• ein Seil gleicher Art (15–20 cm lang) •

Vorbereitung:
Du besorgst dir einen möglichst großen Schlüssel, den du, damit er wie ein richtiger Zauberschlüssel aussieht, am besten mit Silber- oder Goldbronze anmalst. Das kurze Seilstück liegt von Anfang an im Hut.

Vorführung:
Das lange Seil gibst du mit dem Schlüssel zum Untersuchen an die Zuschauer. Ist dies geschehen, gehst du zum Hut zurück und legst die lange Schnur so in ihn hinein, dass ein Ende über den Hutrand hängt. Danach greifst du in den Hut und legst das kurze Seil ebenfalls über den Rand des Hutes. Das erweckt den Eindruck, als hättest du das zweite Ende des langen Seils über den Rand gehängt. Nachdem du den Schlüssel noch einmal vorgezeigt hast, legst du ihn langsam in den Hut und

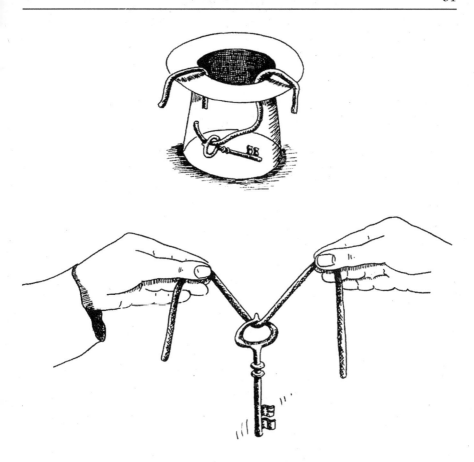

schiebst ihn dabei über das zweite Ende des langen Seils. Wenn du deinen Zauberspruch gesagt hast, ergreifst du mit der einen Hand das eine Ende des langen Seils und mit der anderen gleichzeitig die Enden des kurzen und langen Seils.

Du nimmst das Seil aus dem Hut – und der Schlüssel hängt auf ihm. Das Seil und den darauf hängenden Schlüssel zeigst du deutlich sichtbar herum und legst dann beides wieder im Hut ab.

Die Stelle, an der du das lange und kurze Seil zusammenhältst, kann nicht gesehen werden, weil sie von der haltenden Hand ausreichend abgedeckt ist.

Der eingeknotete Ring

Effekt:
Den Zuschauern zeigst du eine dünne Pappplatte, unter der ein in eine Schnur eingeknoteter Ring hängt. Übergib die Platte mit dem eingeknoteten Ring einem Zuschauer und bitte ihn, den Knoten zu lösen, sodass sich der Ring frei auf der Schnur hin und her schieben lässt. Es wird dem Zuschauer nicht gelingen.

Du benötigst dazu:
• eine Papp-Platte (etwa 10 x 10 cm) •
• einen Plastikring •
• eine Schnur (etwa 25 cm lang) •
• zwei Holzkugeln von etwa 1 cm Durchmesser •

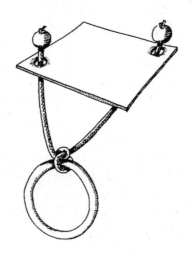

Vorbereitung:
In die Pappscheibe bohrst du zwei Löcher. Diese sollen diagonal gegenüberliegen. Auch die Kugeln musst du mit Löchern versehen. Nun fädelst du den Ring auf die Schnur und verknotest ihn einmal. Jedes Ende der Schnur führst du durch je ein Loch der Pappscheibe und fädelst die Kugeln auf. An den Enden der Schnüre machst du einen Knoten, sodass die Kugeln nicht herabgleiten können.

Vorführung:

Nachdem es dem Zuschauer nicht gelungen ist, den Knoten vom Ring zu lösen, übernimmst du das Ganze, kehrst dem Zuschauer für einen Augenblick den Rücken zu, lockerst die Schlinge so weit, dass du sie durch das Loch auf der linken Seite stecken kannst. Du schiebst die Schlinge über die Kugel nach außen, der Ecke zu, und ziehst die Schnur unten wieder heraus; der Knoten ist verschwunden und der Ring hängt frei auf der Schnur. Um den Ring für die nächste Vorführung wieder einzuknoten, nimmst du die rechte Schnurseite, steckst eine Schlaufe außerhalb der Kugel durch das Loch und schiebst die Schlinge nach innen, der Mitte zu, über die Kugel.

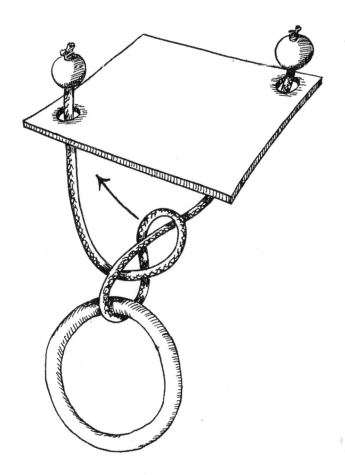

Die Ringbefreiung

Effekt:
Mit drei Dingen trittst du auf und kannst beim Vorführen dieses Kunststückes folgenden Vers sprechen:

Mit dem, was ihr jetzt vor euch seht,
ein geheimnisvoller Trick entsteht.
Drei kleine Dinge sind es nur,
ein Ring, ein Klötzchen, eine Schnur.
Unmöglich scheint es wohl zu sein,
den Ring vom Seile zu befrein.
Um es noch schwieriger zu gestalten,
darfst du die Enden des Seiles halten.
Unter diesem Tüchlein wird das Kunststück gleich beschert,
nun könnt ihr's sehn der Ring ist frei und unversehrt.

Du benötigst dazu:
- ein Seil (etwa 40 cm lang) •
- ein kurzes Seilstück (etwa 7 cm lang) •
- ein Holzklötzchen (etwa 4 x 3 x 2 cm) •
- ein Tüchlein (etwa 30 x 30 cm) •
- einen Ring •

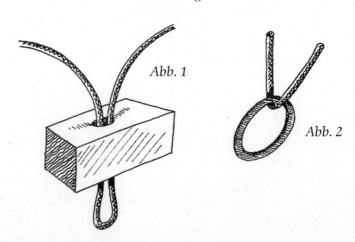

Abb. 1

Abb. 2

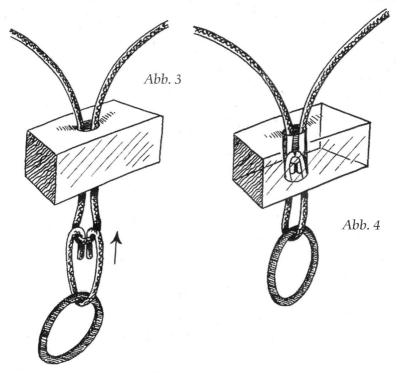

Abb. 3

Abb. 4

Vorbereitung:

In das Klötzchen bohrst du in der Mitte ein Loch. Fädle das lange Seil so durch das Klötzchen, wie Abb. 1 es zeigt. Danach hängst du den Ring auf das kurze Seil (Abb. 2). Nun musst du die beiden Enden des kurzen Seils in die Schlaufe des langen Seils einführen und umbiegen (Abb. 3).

Danach ziehst du das lange Seil und das eingehängte kurze Seil in das Klötzchen hinein, sodass von der Verschlingung beider Seile nichts mehr zu sehen ist. Diese Seilverbindung muss stramm im Loch sitzen (Abb. 4).

Vorführung:

So vorbereitet zeigst du die Gegenstände vor und überreichst je ein Seilende einem Zuschauer zum Halten. Dann deckst du Ring und Klötzchen mit einem Tüchlein ab. Mit der linken Hand erfasst du unter dem Tüchlein das Klötzchen und ziehst mit der rechten Hand das Seil am Ring aus dem Klötzchen heraus. Das kurze Seilstück verbirgst du in einer Hand und nimmst mit dieser gleichzeitig das Tüchlein weg. Der Zuschauer sieht nun den losen Ring und das durch das Klötzchen gefädelte Seil.

Der tanzende Zauberstab

Effekt:

Auf dem Zaubertisch steht eine Bierflasche. In diese steckst du deinen Zauberstab. Zum Ablauf des Kunststückes kannst du folgenden Vers sprechen:

Flasche, braune Flasche du,
schau mich an und hör mir zu!
Ich stell den Zauberstab in dich hinein,
er soll als Geist in deinem Innern sein.
Er wird hüpfen, tanzen, schweben,
sich vom Flaschenboden heben.
Dieses macht er Stück für Stück
und kehrt wieder auf den Grund zurück.

Du benötigst dazu:

- einen Zauberstab -
- eine Bierflasche -
- schwarzen oder dunklen Nylonfaden (etwa 50 cm lang) -
- eine Perle -
- einen Reißnagel -
- Kaugummi -

Vorbereitung:

Einen Zauberstab kannst du dir leicht selbst basteln, indem du ein Stück schwarzes Tonpapier über den Stiel eines Kochlöffels rollst und gut zusammenklebst. Die Enden des Stabs werden mit weißem Papier bezogen. Knote an ein Ende des dünnen Nylonfadens die kleine Perle, lege sie auf ein Ende des Zauberstabs und drücke darüber Kaugummi (die Perle darf nicht zu sehen sein). So ist der Faden sicher am Zauberstab befestigt. Damit kein Verdacht aufkommt klebst du an das andere Ende des Stabs ebenfalls etwas Kaugummi. Nun knüpfst du in das andere Ende des Fadens eine kleine Schlaufe, die mit einem Reißnagel an der Unterkante der Tischplatte befestigt wird. Der Zauberstab wird neben die Flasche gelegt.

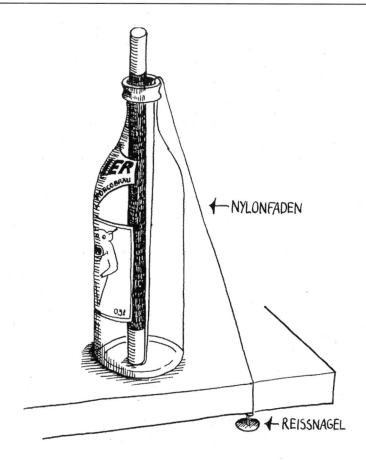

Vorführung:
Zu Beginn der Vorführung steckst du den Zauberstab so in die Flasche, dass das Ende mit dem befestigten Faden unten ist. Der Faden soll, wenn der Zauberstab auf dem Flaschenboden aufsetzt, fast gespannt sein. Das hat den Vorteil, dass der Stab sofort zu steigen beginnt, sobald du die Flasche vom Tisch anhebst. Je weiter du die Flasche von deinem Körper (und damit vom Reißnagel) entfernst, desto höher steigt der Stab; erst ein wenig, dann mehr und mehr, er tanzt, steigt weiter, bis er fast ganz herausragt. Je näher du die Flasche wieder zum Körper zurückführst, desto weiter sinkt der Stab. Es wird dir bestimmt gelingen und du selbst wirst erstaunt sein, wie geheimnisvoll dies wirkt.

Das verschwundene Glas

Effekt:
Du bedeckst mit einem Tüchlein ein kleines Glas, das du in der Hand hältst. Dann gehst du zu den Zuschauern und lässt sie prüfen, ob sich das Gläschen immer noch unter dem Tüchlein befindet. Gleich darauf ergreifst du das Tüchlein, schüttelst es aus – das Gläschen ist verschwunden.

Du benötigst dazu:
• ein kleines Glas •
• ein Tüchlein (etwa 40 x 40 cm), möglichst bunt •
• eine Scheibe, so groß wie der Durchmesser des Gläschens •

Vorbereitung:
Die Scheibe wird in der Mitte des Tüchleins eingenäht. Ehe du diesen Zaubertrick vorführst, musst du dich mit einem Zuschauer abgesprochen haben, der dir als Helfer dient.

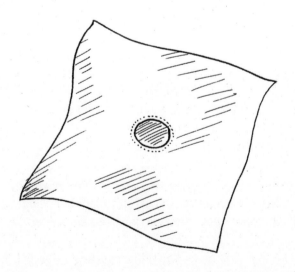

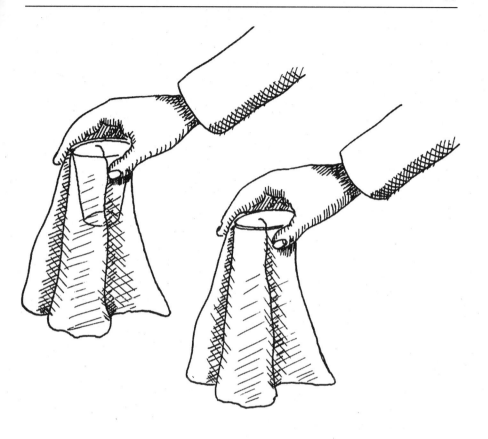

Vorführung:
Du nimmst das Glas in die eine und das Tüchlein in die andere Hand. Dann bedeckst du mit dem Tüchlein das Glas, gehst zu den Zuschauern und lässt drei oder vier unter das Tüchlein fassen und bestätigen, dass sich das Glas immer noch darunter befindet. Dem letzten Zuschauer, es ist dein Gehilfe, drückst du das Glas in die Hand, während er dieses unter dem Tüchlein erfasst und ebenfalls bestätigt, dass es noch da ist. Gleich darauf ergreifst du das Tüchlein an der eingenähten Scheibe, sodass alle glauben, das Glas würde sich noch unter dem Tuch befinden. Dein Helfer lässt inzwischen das Glas unauffällig verschwinden. Mit der freien Hand erfasst du das Tüchlein an einer Ecke und schüttelst es aus. Das Glas ist verschwunden!

Ausgang

Effekt:
Du zeigst ein Schild, auf dem das Wort AUSGANG steht. Ein Pfeil zeigt in Richtung der auf das Schild gemalten Tür. Die Rückseite des Schildes wird gleichfalls gezeigt; auch hier ist ein Pfeil zu sehen, der in Richtung AUSGANG weist. Während du das Schild mehrmals von beiden Seiten sehen lässt, zeigen die Pfeile auf der Vorder- und Rückseite plötzlich in die entgegengesetzte Richtung. Gleich darauf weist der Pfeil auf der einen Seite wieder in Richtung Tür und auf der anderen in die entgegengesetzte Richtung. Zum Schluss zeigt der soeben noch in die entgegengesetzte Richtung weisende Pfeil, ohne dass das Schild umgedreht wird, wieder in Richtung AUSGANG.

Du benötigst dazu:
- Karton -
- Tesafilm -
- Karton für die faltbare Schachtel ohne Deckel und ohne Boden
(18 x 18 x 5 cm)

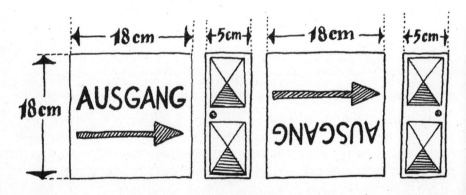

Vorbereitung:
Aus einem Stück Karton schneidest du vier Teile. Auf die schmalen Teile zeichnest du eine Tür, auf die anderen schreibst du das Wort AUSGANG und malst einen Pfeil darunter, wie es die Abbildungen zeigen.

Danach legst du die Teile so nebeneinander, wie es die Zeichnung zeigt. Der Abstand zwischen den Pfeilen soll etwa der Kartonstärke entsprechen. Zur Verbindung der Teile nimmst du Tesafilm. Hast du alles richtig gemacht, dann erhältst du eine Schachtel, die du flach zusammenklappen kannst.

Vorführung:

Halte die gefaltete Schachtel so zwischen beiden Händen, dass die Zuschauer sie als Schild sehen. Von ihnen aus gesehen, muss der Pfeil nach rechts in Richtung Tür zeigen. Du lässt das Schild von beiden Seiten sehen. Vier Finger sind dem Publikum zugewandt, die Daumen hinter dem Schild. Ohne diesen Griff zu ändern, drehst du aus dem Handgelenk die Rückseite nach vorne. Die Zuschauer sehen jetzt wieder den Pfeil, der in Richtung Tür weist. Diese Drehung kannst du mehrmals wiederholen. Wenn du in der Ausgangsposition (Pfeil zeigt von den Zuschauern aus gesehen nach rechts) mit der rechten Hand gegen das Schild drückst, öffnet es sich und klappt nach links zusammen. Dies hat zur Folge, dass die Pfeile nun auf beiden Seiten in die entgegengesetzte Richtung weisen. Um diese Bewegung unsichtbar zu machen, ist es notwendig, dass die Drehung des Schildes sowie das Öffnen und Schließen in einer Bewegung erfolgen. Übe es vor einem Spiegel, bis du es beherrschst, und du wirst überrascht sein, wie verblüffend diese Täuschung wirkt.

Der Trick mit 7 Chips

Effekt:
Von sieben kleinen Chips wird einer auf einen beliebigen Punkt eines Sterns gesetzt. Du schiebst diesen auf gerader Linie zu einem anderen Punkt. Hier bleibt der Chip liegen. So verfährst du auch mit den übrigen sechs Chips. Punkte, die bereits mit einem Chip belegt sind, dürfen dabei nicht mehr als Startposition benutzt werden. Nur dir wird es gelingen, auf diese Weise die sieben Chips auf dem Stern unterzubringen, denn du allein kennst das Geheimnis.

Du benötigst dazu:
• sieben Chips, Münzen oder Knöpfe •
• ein Stück Karton (etwa 15 x 15 cm) •
• ein Blatt Papier, auf das du einen achtzackigen Stern malst •
• Kleber •

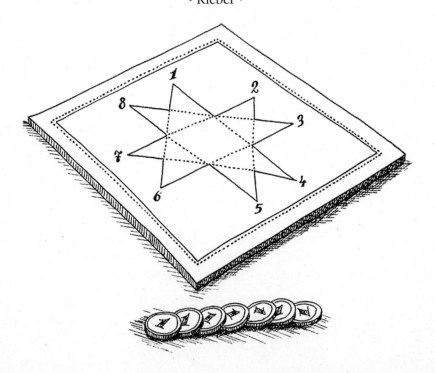

Vorführung:

Auf den Karton klebst du den auf Papier gezeichneten Stern und erhältst so das Spielbrett. Du setzt den ersten Chip auf einen beliebigen Punkt und schiebst ihn in gerader Linie weiter bis zu einem anderen. Dort bleibt er liegen.

Als nächste Startposition muss nun der Punkt gewählt werden, von dem aus du den Ausgangspunkt des vorangegangenen Chip erreichen kannst. So machst du es, bis alle sieben Chips auf dem Stern untergebracht sind.

Beispiel:
Angenommen, du setzt den ersten Chip auf 7 und schiebst ihn von dort auf 4.
Der nächste Chip muss jetzt auf die 2 gesetzt werden, denn nur von hier kannst du auf die 7 ziehen.
Den dritten Chip setzt du nun auf die 5 und schiebst ihn auf die 2.
Der vierte Chip geht von 8 nach 5,
der fünfte Chip von 3 nach 8,
der sechste Chip von 6 nach 3 und schließlich
der letzte von 1 nach 6.

Gewusst wie!

Effekt:
Du hast sechs Zahlenkärtchen mit Zahlen von 1 bis 63. Nachdem du einen Zuschauer aufgefordert hast, aus den Karten alle herauszusuchen, auf denen sein Alter steht, kannst du ihm sofort sein Alter nennen. Als Nächstes lässt du ihn alle Karten heraussuchen, auf welchen seine Schuhgröße zu finden ist. Ein Blick darauf und du nennst die richtige Schuhgröße. Ebenso funktioniert das mit dem Geburtstag oder Geburtsmonat.

Du benötigst dazu:
• sechs Karten aus Karton •

Vorbereitung:
Die sechs Zahlenkarten fertigst du nach den Mustern auf der Seite 75 an.

Vorführung:
Du zeigst die Zahlenkärtchen dem Zuschauer mit der Bitte:

„Suche aus den sechs Karten alle die heraus, auf welchen dein Alter steht!"

Du musst nun nur die erste Zahl jeder ausgesuchten Karte zusammenzählen, und schon hast du das Alter. Ebenso machst du es mit der Schuhgröße, dem Geburtstag oder Geburtsmonat. Auch andere Daten lassen sich auf die gleiche Weise „erraten".

Also, immer die erste Zahl der ausgewählten Karten zusammenzählen – aber so, dass es niemand merkt!

Das flinke Mäuslein

Effekt:
Vor den Zuschauern öffnest du eine Streichholzschachtel und entnimmst dieser eine kleine weiße Maus. Die setzt du auf den Zylinder oder einen Hut. Auf dein Kommando beginnt das Mäuslein zu laufen: vorwärts, aufwärts, linksrum, rechtsrum und rund um den Zylinder, wie du eben deine Anweisungen gibst. Am Schluss legst du das Mäuslein wieder in die Streichholzschachtel zurück und steckst sie ein.

Du benötigst dazu:
- ein selbst gebasteltes Mäuslein (etwa 3 cm lang) •
- einen dünnen Faden (ca. 40 cm lang) •
- ein Gummiband • ·
- einen Zylinder oder Hut •

Vorbereitung:
Forme aus Wachs oder Keramikplast ein etwa 3 cm langes Mäuslein. Drücke ins Ende ein Stück von einem Gummiband als Schwänzchen hinein. Nun nimmst du einen etwa 40 cm langen dünnen Faden, knüpfst an ein Ende ein paar Knoten und drückst diese unten an der Kopfseite in das Mäuslein. Unten muss das Mäuslein flach und ganz glatt sein. Das andere Ende des Fadens befestigst du an einem Knopf deiner Jacke. Das Mäuslein steckst du in eine Streichholzschachtel. Der Faden hängt frei zwischen Streichholzschachtel und dem Jackenknopf. Die Streichholzschachtel steckt in deiner Jackentasche.

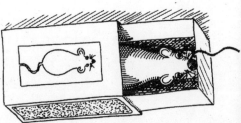

Bauchseite muss ganz flach und glatt sein

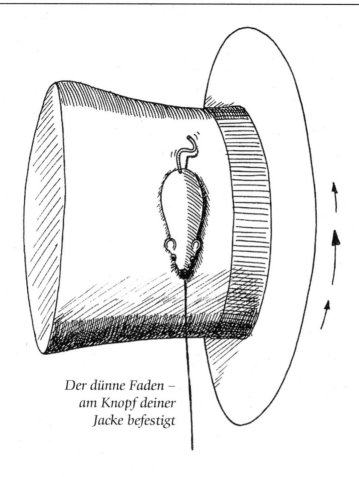

*Der dünne Faden –
am Knopf deiner
Jacke befestigt*

Vorführung:
So vorbereitet trittst du vor die Zuschauer, öffnest die Schachtel und nimmst das Mäuslein heraus. Setze es auf einen Hut. Sobald du den Hut drehst, sieht es aus, als würde das Mäuslein auf dem Hut laufen.

Willst du, dass das Mäuslein linksrum oder rechtsrum läuft, setzt du es so auf den Zylinder, dass es etwas schräg steht und das Schwänzchen zu dir zeigt. Auf dein Kommando dreht es sich dann nach links oder rechts, dabei musst du den Zylinder etwas von dir fortbewegen. Auf „Abteilung marsch" läuft das Mäuslein flink weiter, wobei du den Zylinder stetig drehst.

Achte darauf, dass der Faden immer gespannt ist.

Der vorausgesagte Knoten

Effekt:
Du zeigst drei Briefumschläge vor, aus denen je ein Seidentuch von anderer Farbe herausragt, und erklärst, dass nur eines dieser Tücher einen Knoten hat. Dann behauptest du, dass du voraussehen kannst, dass ein Zuschauer genau dieses Tuch wählen wird. Zum Beweis übergibst du dem Zuschauer drei Karten in den Farben der Seidentücher und lässt ihn eine davon wählen. Sofort ziehst du das Tuch der gewählten Farbe aus dem Briefumschlag – es hat einen Knoten. Die beiden anderen Tücher werden ebenfalls aus den Umschlägen gezogen: Sie sind ohne Knoten.

Du benötigst dazu:
• drei Briefumschläge DIN A 5 •
(wie sie für Drucksachen Verwendung finden)
• drei Seidentücher, etwa 30 x 30 cm •
(in verschiedenen Farben, z. B. rot, gelb und blau)
• drei Karten, ebenfalls rot, gelb und blau •
• Tonpapier •

Vorbereitung:
Zunächst fertigst du dir die drei Karten, die eine Größe von 13 x 9 cm haben sollen, an, indem du sie jeweils mit rotem, gelbem und blauem Tonpapier beklebst. Danach knüpfst du in jedes Seidentuch einen Schiebeknoten und steckst sie so in die einzelnen Briefumschläge, dass ein Zipfel des Tuchs herausschaut. Achte darauf, dass der gegenüberliegende Zipfel des Seidentuchs bis in die linke untere Ecke des Umschlags reicht. Danach legst du die Briefumschläge und die farbigen Karten auf deinen Zaubertisch. Weitere Vorbereitungen sind nicht nötig.

3 Tücher in verschiedenen Farben (mit Schiebeknoten)

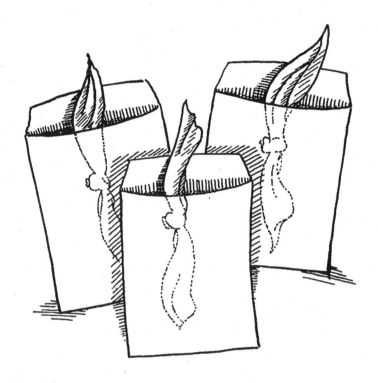

Vorführung:
Du erklärst den Zuschauern, dass du die Fähigkeit besitzt, eine Vorhersage zu machen, und übergibst dabei einem von ihnen die drei farbigen Karten mit der Bitte, eine davon auszuwählen. Die ausgesuchte Karte darf der Zuschauer dem Publikum zeigen. Angenommen, er wählt die rote Karte, dann nimmst du als nächstes die Briefumschläge und hältst sie fächerförmig so, dass jeweils die linken unteren Ecken übereinander liegen. Du drückst mit Daumen und Zeigefinger diese Ecken fest zusammen. Die herausragenden Tücher zeigen zu den Zuschauern. Jetzt erklärst du, dass nur eines dieser Tücher einen Knoten hat, und zwar das, welches farblich zu der gewählten Karte passt. Du ziehst dieses Tuch aus dem Umschlag, dabei lockerst du den Griff und das Tuch erscheint mit Knoten. Beim Herausziehen der anderen beiden Tücher drückst du die unteren Ecken fest zusammen, dadurch lösen sich beim Ziehen die Knoten der Tücher im Briefumschlag und die Tücher erscheinen ohne Knoten.

So knüpfst du einen Schiebeknoten

Du hältst das Tüchlein mit der rechten Hand an einer Ecke und fasst es etwa beim unteren Drittel mit der linken Hand. Dabei streckst du Zeige- und Mittelfinger aus und klemmst den unteren Teil des Tüchleins mit dem Ringfinger und dem kleinen Finger so ein, dass eine Spannung entsteht.

Den oberen Teil des Tüchleins wickelst du nun zu einem Ring um die ausgestreckten Finger (Fingerspitzen) und steckst den verbliebenen oberen Teil von hinten als Schlaufe durch diesen Ring. Er wird dabei von den Fingern gleiten, du darfst aber die obere Ecke nicht loslassen.

Nun schiebst du mit dem Daumen und Zeigefinger der linken Hand den entstandenen Knoten etwas nach oben und ziehst vorsichtig an, dass er etwas kleiner und fester wird.

Schon ist der Schiebeknoten fertig. Durch einen leichten Zug lässt er sich wieder lösen.

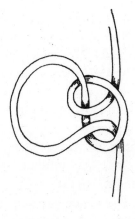

Der Perlentrick

Effekt:
Auf den Tisch legst du drei Sicherheitsnadeln, auf denen je eine andersfarbige Perle steckt. Nun drehst du dich um und lässt dir eine Nadel mit Perle in deine auf dem Rücken gehaltenen Hände legen. Die anderen beiden Nadeln entfernt einer der Zuschauer. Ohne die Hände vom Rücken zu nehmen, drehst du dich wieder um, und ohne die Nadel mit der Perle gesehen zu haben, kannst du sofort sagen, welche Farbe die Perle auf der Nadel hat.

Du benötigst dazu:
• drei gleiche Sicherheitsnadeln •
• drei verschiedenfarbige Perlen •

Vorbereitung:
Das Geheimnis liegt in den Sicherheitsnadeln.
Rote Perle: Die Nadel kann geöffnet werden, die Spitze der Nadel ist normal scharf.
Grüne Perle: Die Nadel kann geöffnet werden, die Spitze der Nadel hast du stumpf gemacht.
Gelbe Perle: Die Nadel kann nicht geöffnet werden. Du hast vorher das Köpfchen der Nadel mit einer Zange etwas zusammengedrückt.

Vorführung:
Nachdem du die Sicherheitsnadel hinter deinem Rücken untersucht hast, kannst du genau feststellen, um welche Perlenfarbe es sich handelt.

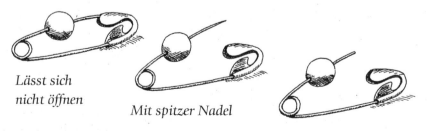

Lässt sich nicht öffnen   *Mit spitzer Nadel*   *Mit stumpfer Nadel*

Der verschwindende Zauberstab

Effekt:
Du zeigst den Zuschauern deinen Zauberstab. Dann wickelst du ein Zeitungsblatt diagonal um ihn herum. Die beiden Papierenden drehst du zusammen. Ein Zauberspruch von dir und eine magische Bewegung deiner Hand über dem eingewickelten Stab lassen diesen verschwinden. Gleich darauf holst du ihn unter deiner Jacke wieder hervor. Zu diesem Trick kannst du folgenden Vers sagen:

Mein Zauberstab, massiv aus Holz,
auf ihn bin ich besonders stolz.
Eingewickelt in Papier,
noch ist er da, noch ist er hier.
Beide Enden werden zugemacht
und mit etwas Zaubersalz bedacht.
Ihr könnt es glauben oder nicht,
verschwunden ist der kleine Wicht.
Ihn wieder zu sehen, das ist nicht schwer,
hier habe ich ihn – bitte sehr!

Du benötigst dazu:
• einen runden Holzstab (etwa 26 cm lang) •
• schwarzes und weißes Tonpapier •
• ein Blatt Zeitungspapier •
• Kleber •

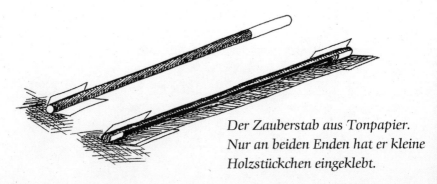

Der Zauberstab aus Tonpapier.
Nur an beiden Enden hat er kleine
Holzstückchen eingeklebt.

Vorbereitung:

Den Holzstab beklebst du mit schwarzem Papier und versiehst ihn mit weißen Enden. Dann bastelst du eine Hülse aus Tonpapier, die genauso aussieht wie der Zauberstab. Dabei klebst du am besten die Hülse über dem noch unbeklebten Stab zusammen und ziehst sie dann ab.

Wenn du in die Papierhülse noch zwei kurze Holzenden einklebst, kannst du mit dieser sogar auf den Tisch klopfen und sie wirkt wie ein massiver Stab.

Vor Beginn der Vorführung steckst du den Holzstab so unter der Jacke in den Hosenbund, dass ihn niemand sehen kann.

Vorführung:

Du zeigst den Zuschauern den Zauberstab aus Papier und wickelst ihn dann in das Zeitungspapier. Die beiden Enden drehst du zusammen. Während du einen Zauberspruch sagst und eine magische Bewegung machst, drückst du den eingewickelten Zauberstab rasch zusammen. Das Papierknäuel legst du beiseite und lässt den Zauberstab aus der Jacke wieder erscheinen.

Geheimnisvolle Münzwanderung

Effekt:
Auf dem Tisch stehen zwei Gläser mit der Öffnung nach unten. Über beide wird eine Papierröhre gestülpt. Unter eines der Gläser legst du eine Münze. Sobald du das andere Glas mit der Papierröhre hochhebst, ist die Münze dort angekommen. Um die Wanderung zu beweisen, hebst du die Papierröhre des ersten Glases hoch. Die Münze ist weg. Du bedeckst das Glas noch einmal mit der Röhre und das Spiel beginnt von vorne, aber in umgekehrter Reihenfolge.

Du benötigst dazu:
- zwei gleiche Münzen •
- zwei Gläser •
- zwei Papierröhren •
(die genau über die Gläser passen, aber etwas höher sind)
- Kleber •
- einen Bogen schwarzes Tonpapier DIN A 5 für die Röhren •
- zwei Bogen rotes Tonpapier •
- ein Stück Karton •

Vorbereitung:
Zuerst bastelst du dir aus dem schwarzen Tonpapier zwei Röhren für die Gläser. Dann beklebst du das Kartonstück mit rotem Tonpapier, damit du eine stabile Unterlage hast. Aus dem zweiten roten Bogen schneidest

du zwei runde Scheiben und klebst sie sorgfältig auf die Öffnung der beiden Gläser. Achte darauf, dass kein Rand übersteht.

Auf die Unterlage legst du eine Münze und bedeckst sie mit dem Glas. Sie ist nun nicht mehr zu sehen, weil die aufgeklebte Scheibe sie verdeckt und diese vollkommen mit der gleichfarbigen Unterlage verschwimmt. Neben dieses Glas stellst du

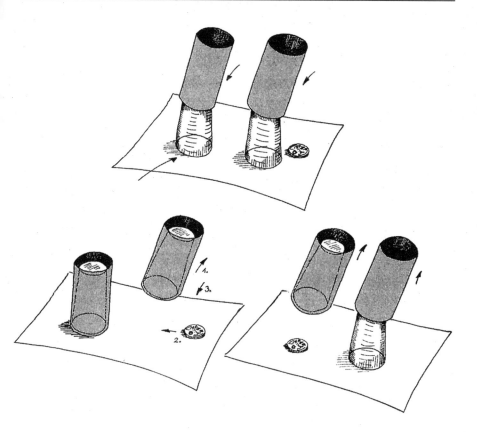

eine der beiden Röhren, das zweite Glas und die zweite Röhre. Die zweite Münze liegt sichtbar auf der Unterlage. Nun bist du fertig für die Vorführung.

Vorführung:
Stülpe die Röhren über beide Gläser. Hebe das zweite Glas mit der Röhre hoch und schiebe die sichtbare Münze darunter. Jetzt liegt unter jedem Glas eine Münze. Der Zuschauer weiß aber nur von einer. Nun nimmst du das erste Glas mit der Hülse hoch. Die Münze ist bereits angekommen.

Als Beweis, dass die Münze wirklich gewandert ist, hebst du von dem anderen Glas nur die Röhre hoch. Hier ist die Münze verschwunden.

Du kannst die Vorführung sofort wiederholen, nur beginnst du diesmal mit dem anderen Glas.

Die Kugelwahl

Effekt:
Du knotest eine Kugel auf ein Seil, fädelst eine zweite auf und machst einen Knoten darüber. Beide Seilenden gibst du einem Zuschauer zum Halten und bedeckst die eingeknoteten Kugeln mit einem Tüchlein. Der Zuschauer darf nun eine der beiden Kugeln wählen. Obwohl es unmöglich scheint, überreichst du ihm gleich darauf die gewünschte Kugel.

Du benötigst dazu:
• zwei verschiedenfarbige Kugeln mit Löchern •
• ein Seil (etwa 120 cm lang) •
• ein Tüchlein (etwa 30 x 30 cm) •

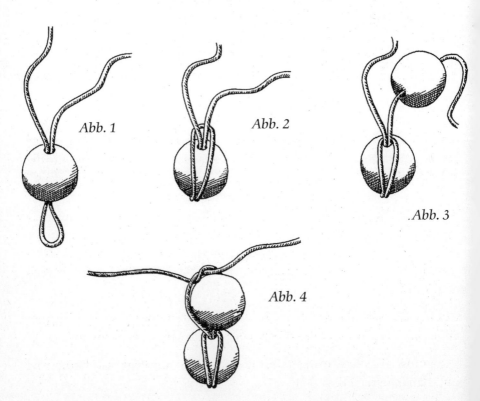

Abb. 1

Abb. 2

Abb. 3

Abb. 4

Vorführung:

Das Seil nimmst du doppelt und fädelst das geschlossene Ende durch eine der Kugeln (Abb. 1).

Danach führst du die beiden Enden durch die Schlaufe und ziehst diese fest (Abb. 2).

Durch die zweite Kugel führst du ein Ende des Seils und machst über ihr einen Knoten (Abb. 3 + 4). Beide Enden gibst du einem Zuschauer zum Halten und weist darauf hin, dass die beiden Kugeln fest auf dem Seil verknotet sind.

Während der Zuschauer das Seil hält, bedeckst du die Kugeln mit dem Tüchlein. Du fasst darunter, ziehst die Seilschlaufe der unteren Kugel auseinander und die Kugel wird frei.

Noch bevor du den Zuschauer diese Kugel sehen lässt, fragst du ihn, welche von den aufgeknoteten Kugeln er haben möchte.

Möchte er die untere, übergibst du sie ihm. Verlangt er aber die obere, so sagst du zu ihm: *„Dann darf ich also die untere Kugel behalten?"*, und überlässt ihm die Kugel auf dem Seil.

Die Zauberhütchen

Effekt:
Du stellst drei Hütchen auf den Tisch, davor liegen drei Chips, einer rot, einer schwarz und einer grün. Die Zuschauer dürfen die Chips vertauschen und dann mit je einem Hütchen bedecken. Du drehst ihnen dabei den Rücken zu. Trotzdem kannst du anschließend sofort sagen, unter welchem Hütchen sich der rote, schwarze und der grüne Chip befindet.

Du benötigst dazu:
• einen Bogen Tonpapier •
• Glanzpapier in drei verschiedenen Farben •
• Kleber •
• ein Haar •
• eine bunte Unterlage aus Karton •

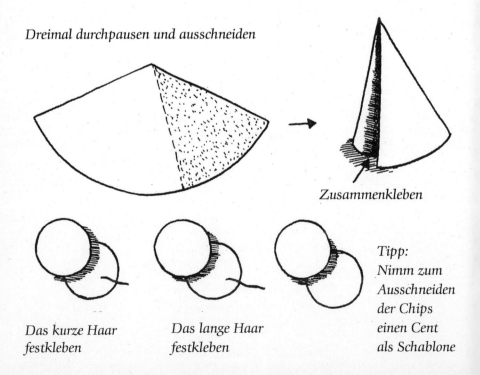

Dreimal durchpausen und ausschneiden

Zusammenkleben

Das kurze Haar festkleben

Das lange Haar festkleben

Tipp: Nimm zum Ausschneiden der Chips einen Cent als Schablone

Vorbereitung:

Schneide die drei vorgedruckten Hütchenteile nach der Abbildung aus und klebe sie zu Hütchen zusammen.

Ebenso verfährst du mit den sechs Chips, von denen jeweils zwei zusammengeklebt werden. Zwischen die ersten zwei klebst du dabei ein kurzes Haar ein, das etwa $1/2$ cm übersteht; zwischen die nächsten zwei kommt ein etwas längeres Haar.

Die letzten beiden Chips bekommen keine Markierung. Damit du die drei Chips unterscheiden kannst, beklebst du sie mit drei verschiedenen Farben Glanzpapier.

Zur Vorführung musst du dir nur einprägen, bei welcher Chipfarbe das kurze und bei welcher das längere Haar herausragt; dann kann nichts schief gehen. Damit die seitlich unter den Hütchen herausragenden Haare nicht auffallen, verwendest du eine bunte Pappunterlage.

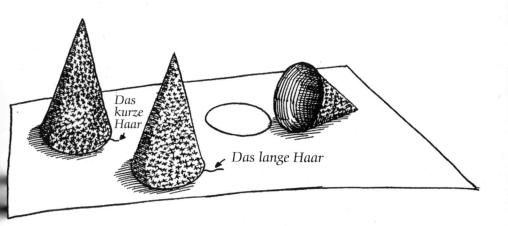

Die indische Gebetsmühle

Effekt:
Du zeigst eine „indische Gebetsmühle" vor und erklärst, dass du in Indien einem alten Mann begegnet bist, der mit einer solchen Gebetsmühle betete. Aus der Gebetsmühle hingen eine rote und eine weiße Schnur, die gleich lang waren. Immer wenn er eine Schnur nach oben und wieder nach unten zog, hatte er ein Gebet verrichtet. Plötzlich wurde er unruhig, murmelte vor sich hin und schaute kopfschüttelnd auf die Gebetsmühle. Er hatte gerade an der roten Schnur gezogen und festgestellt, dass sie plötzlich länger als die weiße war. Nun versuchte er es mit der weißen. Da war auf einmal diese länger als die rote. Verwundert holte er beide Schnüre aus der Gebetsmühle heraus und stellte fest, dass sie immer noch gleich lang waren.

Du benötigst dazu:
- ein Papp- oder Plastikrohr •
  (etwa 21 cm lang und 2,5 cm im Durchmesser)
- zwei gleichfarbige Holzperlen von etwa 1,5 cm Durchmesser •
- eine rote und eine weiße Schnur (Kordel) – je 60 cm lang •
- ein Stück Draht •

Vorbereitung:
Jeweils 1,5 cm vom Rohrende entfernt bohrst du ein Loch (insgesamt also vier Löcher) von 8 mm Durchmesser. In das eine Ende der Schnüre machst du nun je einen Knoten. Drehe unterhalb der Knoten die Schnüre zu einer Quaste auf. Auf das andere Ende fädelst du die Perlen und machst danach einen Knoten, damit die Perlen nicht mehr herausrutschen können. Anschließend fädelst du die weiße Schnur durch die beiden linken Löcher, führst den Draht, der an einem Ende einen Haken hat, von rechts in das Rohr und ziehst damit die Schnur etwas aus dem Rohr heraus. Die Schnur darf nicht verdreht im Rohr liegen. Jetzt wird die rote Schnur durch die noch freien zwei Löcher gefädelt, und zwar zwischen den beiden weißen Strängen hindurch. Nun ziehst du die beiden Schnurenden so nach unten, dass die Perlen auf den Löchern liegen; beide Schnüre hängen jetzt gleich lang aus der Röhre heraus.

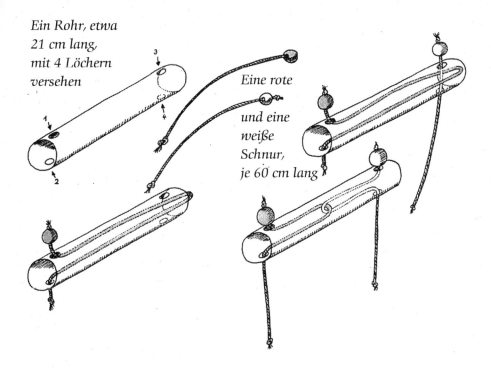

Ein Rohr, etwa 21 cm lang, mit 4 Löchern versehen

Eine rote und eine weiße Schnur, je 60 cm lang

Vorführung:

Zur Vorführung hältst du das Rohr mit der rechten Hand waagerecht am rechten Ende, sodass die Perlen oben liegen.

Mit dem rechten Daumen drückst du am rechten Loch von unten gegen die Schnur, während die linke Hand die weiße Schnur nach oben und wieder zurückzieht.

Dasselbe wird mit der roten Schnur wiederholt, nur dass du diesmal mit dem linken Daumen am linken Loch von unten gegen die Schnur drückst.

Jetzt wird die rote Schnur mit der rechten Hand nach oben und wieder zurückgezogen. Wenn du aber die Schnur nach oben ziehst, die du gerade am unteren Loch mit dem Daumen festhältst, dann wird diese Schnur bedeutend länger und die andere wesentlich kürzer.

Zum Schluss ziehst du die beiden Schnüre ganz heraus, und es zeigt sich, dass sie in Wirklichkeit gleich lang sind.

Der Blitzknoten

Effekt:
Du nimmst ein etwa 80 cm langes Seil und ziehst es einige Male durch die Hand. Dann hältst du das Seil an einem Ende und lässt das andere herabhängen. Nun versuchst du mehrmals, ohne die andere Hand zu Hilfe zu nehmen, einen Knoten in das Seil zu schlagen. Doch es misslingt. Erst nach einem Zauberspruch und nochmaligem Versuch erscheint blitzschnell ein Knoten im Seil.

Du benötigst dazu:
• ein etwa 80 cm langes Seil •

Vorbereitung:
Etwa 15 cm von einem Seilende entfernt knüpfst du einen Knoten in das Seil.

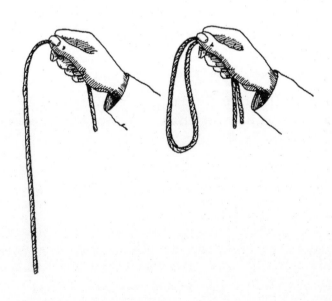

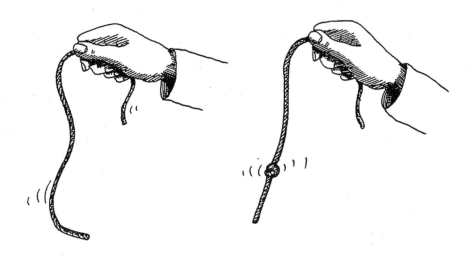

Vorführung:
Du hältst das Seil so, dass der Knoten verdeckt in der Hand liegt. Das freie Seilstück ziehst du mehrmals durch die andere Hand. Dann erfasst du mit der freien Hand das herabhängende Ende und legst es in die Hand, die den Knoten verbirgt. Das Seil bildet nun eine Schlaufe.

Während einer schlagenden Bewegung lässt du das Ende ohne Knoten los – schüttelst den Kopf, weil nichts geschehen ist. Dies wiederholst du noch einige Male.

Nun murmelst du einen Zauberspruch, machst wieder die schlagende Bewegung, lässt diesmal aber das Ende mit dem Knoten los.

Für die Zuschauer scheint es so, als hättest du mit Hilfe des Zauberspruchs blitzschnell einen Knoten in das Seil geschlagen.

Farbendomino

Effekt:
Du lässt neun Dominosteine der Farbe nach zu einer Kette aneinander legen und sagst voraus, mit welchen Farben die Kette beginnen und enden wird. Dies kann beliebig oft wiederholt werden, wobei sich die Farben am Anfang und Schluss der Kette natürlich ändern.

Du benötigst dazu:
• Pappkarton •
• Buntpapier in verschiedenen Farben •
• Kleber •

Vorbereitung:
Du bastelst dir aus Pappkarton zehn Dominosteine und beklebst sie mit Buntpapier in den Farben, wie es die Abbildung zeigt.

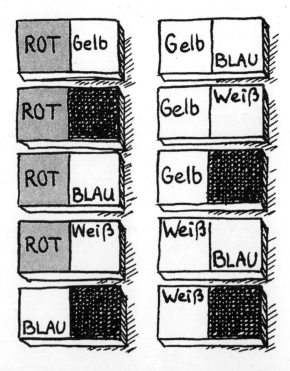

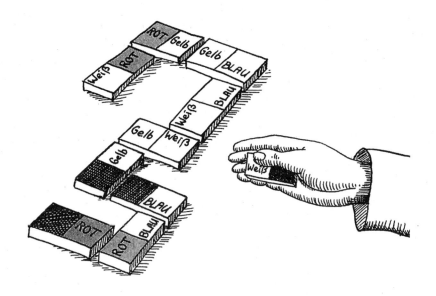

Vorführung:

Vor Beginn der Vorführung nimmst du heimlich einen Stein an dich. Die Farben dieses Steins sind Anfang und Ende der vom Zuschauer auszulegenden Dominokette.

Über deine treffsichere Vorhersage wird man erstaunt sein. Vor dem Auslegen einer neuen Kette tauschst du den „heimlichen" Stein gegen einen anderen aus. Jedes Mal klappt deine Vorhersage gleich gut.

Das unsichtbare Huhn

Effekt:
Vor dir steht ein Zylinder auf dem Tisch. Du nimmst ein schwarzes Tuch auf und drehst es so, dass es die Zuschauer von beiden Seiten sehen können. Dann faltest du es einmal in der Mitte, fasst es an den beiden Ecken, schüttelst es ein wenig, und schon kullert ein Ei, von dem unsichtbaren Huhn gelegt, in den Zylinder. Die Menge der zu legenden Eier kannst du selbst bestimmen.*

Du benötigst dazu:
• einen Zylinder mit schwarzem Futter •
• ein Baumwolltuch, schwarz (40 x 40 cm) •
• einen ca. 30 cm langen schwarzen, dünnen Faden •
• ein Plastikei •
• Kleber •

Vorbereitung:
In der Mitte eines Tuchrandes befestigst du den schwarzen Faden. An das freie Ende des Fadens klebst du das Plastikei.

Vorführung:
Das Ei liegt für die Zuschauer unsichtbar im Zylinder, das Tuch hängt über dem Zylinderrand. Du langst mit einer Hand in den Zylinder, ergreifst das Ei und gleichzeitig eine Ecke des Tuchs, ziehst beides heraus und erfasst mit der freien Hand die andere Tuchecke. Während du das Ei versteckt in deiner Hand hältst, zeigst du den Zuschauern das Tuch. Dabei drehst du es so, dass auch die Rückseite einmal zu sehen ist. Danach legst du das Tuch in der Mitte zusammen. Dabei lässt du das Ei los. Es fällt, für die Zuschauer unsichtbar, in das Tuch. Nun brauchst du das Tuch nur so wie in der Abbildung zu halten und schon kullert das Ei in den Zylinder. Anschließend legst du das Tuch ausgebreitet über den Zylinder, erfasst die beiden Zipfel, zwischen denen der Faden befestigt ist, und hebst es wieder hoch. Das Ei wird dadurch wieder aus dem Zylinder gezogen und hängt hinter dem Tuch.

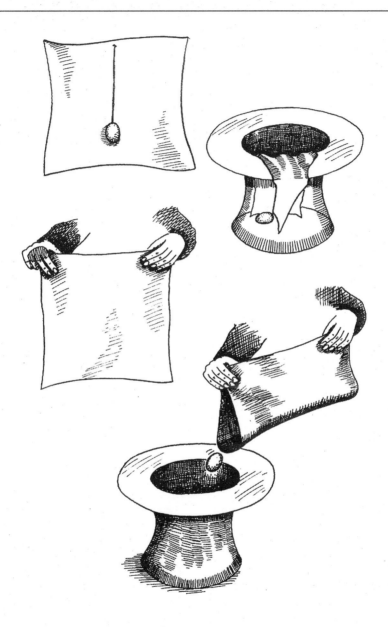

Jetzt faltest du das Tuch wie beim ersten Mal und schon kannst du ein neues Ei herbeizaubern.

Um das unsichtbare Legen der Eier noch wirksamer zu machen, gackerst du dazu wie ein Huhn; das wirkt sehr komisch.

98 Die standfeste Streichholzschachtel

Effekt:
Du nimmst eine leere Streichholzschachtel und ein Streichholz, fährst mit dem Streichholz unter die Schachtel und hebst sie hoch, bis sie senkrecht steht. Das Gleiche lässt du einen Zuschauer machen, bei ihm bleibt die Schachtel jedoch nicht stehen, sondern fällt um.

Du benötigst dazu:
• eine leere Streichholzschachtel •
• ein Streichholz •
• ein Etikett (Duplikat) •
• ein Stückchen Pappe •

Vorbereitung:
Zuerst schneidest du ein Stück Pappe aus, das genau in die Schachtel passt, und klebst es hinein. Auf die untere Seite der Streichholzschachtel klebst du ein gleiches Etikett, wie es oben ist. Das untere Etikett kennzeichnest du mit einem Bleistiftpunkt.

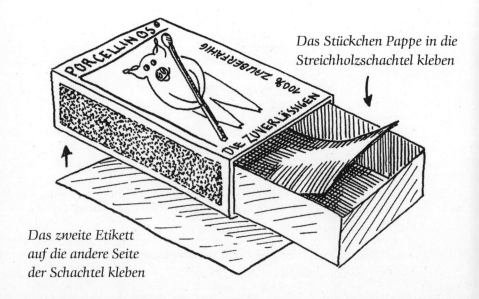

Das Stückchen Pappe in die Streichholzschachtel kleben

Das zweite Etikett auf die andere Seite der Schachtel kleben

Vorführung:
Zu Beginn der Vorführung liegt die markierte Seite unten. Die Lade steckt so in der Schachtel, dass die Öffnung oben ist. Wenn du das Streichholz unter die Schachtel schiebst und damit diese über die Schmalseite hochhebst, bleibt sie auf dieser Seite stehen.

Versucht der Zuschauer das Gleiche, wird es ihm nicht gelingen, weil du vorher die Schachtel unbemerkt umgedreht hast, sodass die markierte Seite oben liegt. Da die Öffnung der Lade jetzt unten ist, wird die Schachtel stets umfallen.

100 Zwei Bänder wechseln ihren Platz

Effekt:
Du hast über deine Hand einen roten Bandring gelegt, in dem ein grüner Bandring hängt. Nun erfasst du das rote Band, ziehst daran und schon haben die Bandringe ihre Plätze gewechselt.

Du benötigst dazu:
• ein rotes Band (80 x 1 cm) •
• ein grünes Band (80 x 1 cm) •
• Kleber •

Vorbereitung:
Klebe beide Bänder zu je einem Ring zusammen.

Vorführung:
Du fädelst den roten Ring durch den grünen und hängst ihn über die Hand. Eines der vier roten Bandteile ziehst du nun rasch nach unten und plötzlich ist das grüne Band an die Stelle des roten Bandes gewandert. Jetzt ziehst du an dem grünen Band und schon wechselt der rote Ring wieder nach oben. Dies kannst du immerzu wiederholen.

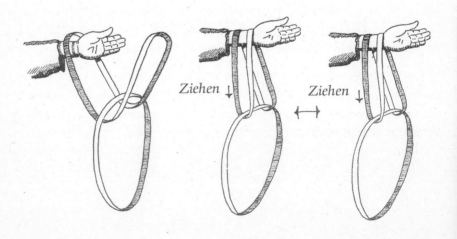

Der schwebende Geist

Effekt:
An einer Ecke eines Seidentüchleins knüpfst du einen Knoten, der den Kopf des Geistes darstellen soll. Behutsam hältst du den „Geist" in einer Hand, setzt dich auf einen Stuhl und lässt den „Geist" zwischen deinen Beinen mit der Spitze den Fußboden berühren. Dabei machst du magische Bewegungen mit der anderen Hand. Langsam entfernst du die haltende Hand vom „Geist" und völlig überraschend bleibt dieser auf einer Spitze auf dem Fußboden stehen. Unerwartet kommt dann Leben in ihn, er bewegt sich und tanzt völlig frei, ohne den Boden zu berühren. Doch langsam entweicht das Leben wieder aus ihm, er steht fast regungslos. Du klatschst einmal, der „Geist" springt hoch und dir in die Hände.

Du benötigst dazu:
• ein Seidentüchlein (etwa 30 x 30 cm) •
• einen dunklen Perlonfaden (etwa 35 cm lang) •

Vorbereitung:
Du befestigst jeweils an den beiden inneren Hosennähten in etwa 30 cm Höhe ein Ende des Perlonfadens. Dieser behindert dich in keiner Weise beim Gehen und ist auch aus kürzester Entfernung unsichtbar. Selbstverständlich muss deine Hose ebenfalls dunkel sein.

Vorführung:
Du zeigst das Seidentüchlein vor und sagst, dass dieses den Geist darstellen soll. Als Kopf knüpfst du in eine Ecke einen Knoten. Während du den „Geist" an der Ecke oberhalb des Knotens mit einer Hand hältst, setzt du dich auf einen Stuhl. Die Beine sind so weit voneinander entfernt, dass der Faden leicht durchhängt.

Von vorne kommend, setzt du den Knoten auf den Faden. Richte es so ein, dass du den Knoten bei durchhängendem Faden auf diesen setzt und dabei die untere Spitze des „Geistes" nur ganz leicht den Boden berührt. Dies ist nicht schwierig, du brauchst dazu die Knie nur dem-

entsprechend langsam nach innen oder außen zu bewegen. Sobald du merkst, dass der Knoten auf dem Faden Halt gefunden hat und die Spitze leicht den Boden berührt, kannst du ihn loslassen. Der „Geist" steht nun völlig frei zwischen deinen Beinen. Um dem „Geist" Leben zu geben, bewegst du beide Knie nach innen und außen, während du mit beiden Händen über dem „Geist" magische Kreise ziehst. Je schneller der Wechsel der Kniebewegungen ist, um so mehr wird ein tanzender Eindruck erweckt. Zur Untermalung des Tanzes kannst du eine Melodie

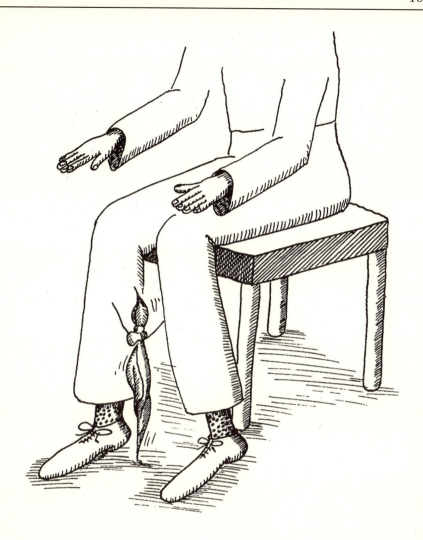

summen. Zum Abschluss klatschst du einmal in die Hände und bewegst die Knie rasch nach außen. Dadurch wird der „Geist" hochgeschleudert und du kannst ihn auffangen. Zur Überprüfung kannst du den „Geist" anschließend einem Zuschauer übergeben. Er wird natürlich nichts Verdächtiges daran finden. Der befestigte Faden behindert dich keineswegs bei weiteren Vorführungen. Besonders eindrucksvoll ist die Wirkung der Vorführung bei Kerzenlicht mit einem weißen Tüchlein.

Eine Schachtel mit Chips

Effekt:
Auf dem Tisch liegen zwei verschiedene Mengen Chips. Ein Zuschauer darf eine der beiden Mengen bestimmen. Du weißt im Voraus, welche Menge er wählen wird.

Du benötigst dazu:
• 17 Chips aus Plastik •
(du kannst sie dir auch aus einfarbiger Pappe ausschneiden)
• eine kleine Schachtel mit Deckel •
(auf die Innenseite des Deckels schreibst du: „Du wirst drei Chips wählen!")

Vorführung:
Du hebst den Deckel der Schachtel ab und legst ihn so neben die Schachtel, dass die Zuschauer die Schrift im Deckel nicht sehen können.

Der Schachtel entnimmst du zehn Chips und legst sie in zwei Häufchen auf den Tisch. Ein Häufchen besteht aus drei, das andere aus sieben Chips. Die restlichen sieben Chips bleiben in der Schachtel, die wieder geschlossen wird.

Nun bittest du einen Zuschauer, schnell auf eines der beiden Häufchen zu tippen.

Tippt der Zuschauer auf das Häufchen mit den drei Chips, hebst du den Deckel der Schachtel ab und zeigst ihm die Innenseite. Er liest: „*Du wirst drei Chips wählen!*"

Hat er dagegen das zweite Häufchen mit den sieben Chips gewählt, legst du den Deckel nach dem Öffnen der Schachtel beiseite und schüttest die noch in der Schachtel befindlichen Chips auf den Tisch. Der Zuschauer darf diese Chips zählen: Es sind sieben Stück. Der Trick klappt also immer!

Die Kugelbefreiung

Effekt:
Zwei Kugeln an einer Schnur sind so in eine Karte eingefädelt, dass es aussieht, als könnten sie nicht befreit werden. Doch dir gelingt es ganz schnell.

Du benötigst dazu:
• zwei durchbohrte Holzkugeln •
• eine 30 cm lange Schnur •
• eine Karte •
(die du dir aus der Rückseite eines alten Schnellhefters herausschneidest – die Maße: 17x10 cm)

Vorbereitung:
In die Mitte der Karte schneidest du zwei parallele Schnitte, etwa 10 cm lang. Der Abstand zwischen beiden soll 1 cm betragen. Darunter, mit etwas Abstand, schneidest du ein Loch in die Karte. Es muss kleiner sein als die Kugeln, aber etwas breiter als der mittlere Streifen.

Nun werden beide Kugeln auf je ein Ende der Schnur geknotet. Biege die Karte zusammen und schiebe den Streifen durch das Loch. Jetzt kannst du die Kugeln durch die unten herausragende Schleife stecken.

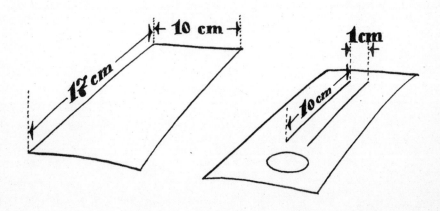

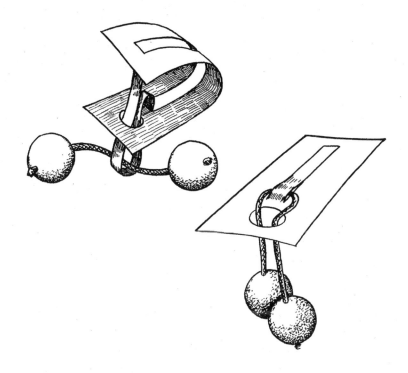

Vorführung:
Auf der Abbildung siehst du die Karte vorführbereit. Befreit werden die Kugeln auf die gleiche Weise, wie sie eingefädelt wurden. Wer das Geheimnis nicht kennt, schafft es nicht, die Kugeln zu befreien.

Strohhalme vermehren sich

Effekt:
Du hältst Strohhalme in der Hand und zählst sie vor: eins, zwei, drei, vier, fünf, sechs. Dann nimmst du einen weg, stellst ihn in ein Glas, dann noch einen. Nun zählst du die Halme in deiner Hand nach: Es sind immer noch sechs. Nochmals gibst du einen, dann noch einen in das Glas. Erneut zählst du die Halme in deiner Hand. Wieder sind es sechs. Aufs Neue wandern zwei Halme in das Glas, doch die Halme in der Hand sind trotzdem nicht weniger geworden. Immer noch sind es sechs Halme.

Du benötigst dazu:
• ein Glas •
• zwölf Strohhalme •
• eine Schere •

Vorbereitung:
Du schlitzt sechs Strohhalme mit der Schere der Länge nach auf. Jeden aufgeschlitzten Halm drückst du etwas zusammen und schiebst ihn so weit in einen ganzen Halm, dass er unten noch 1 cm herausschaut. Oben schneidest du den äußeren Halm so ab, dass er mit dem inneren gleich lang ist. Du erhältst also sechs Halme.

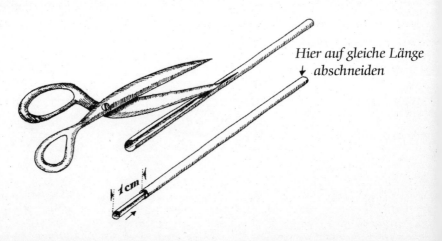

Hier auf gleiche Länge abschneiden

1 cm

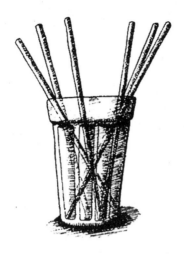

Vorführung:
Du nimmst das Bündel Strohhalme aus dem Glas in deine rechte Hand und zählst sie in die andere. Für den Zuschauer dürfen selbstverständlich nur sechs normale Halme zu sehen sein. Stelle nun einen in das Glas und dann noch einen. Es handelt sich dabei um zwei geschlitzte Halme, die du nach unten heraus aus dem Bündel ziehst. Du zählst nach und hast immer noch sechs Halme in der Hand. Du wiederholst das Ganze noch dreimal. Zu dem Ablauf kannst du folgende Geschichte erzählen:

„Ich sah einmal einen Zauberer, der zeigte einen Trick und zählte dabei: eins, zwei, drei, vier, fünf, sechs Strohhalme und stellte einen in ein Glas, dann noch einen. Und er zählte immer noch eins, zwei, drei, vier, fünf, sechs Strohhalme. Ich konnte mir nicht erklären, wie er das machte, wenn er eins, zwei, drei, vier, fünf, sechs Strohhalme zählte, dann zwei davon in ein Glas gab und immer noch eins, zwei, drei, vier, fünf, sechs Strohhalme hatte. Ich fragte ihn nach der Lösung. Er sagte, das ist ganz einfach, man muss nur zählen – eins, zwei, drei, vier, fünf, sechs Strohhalme, zwei davon wandern in das Glas, und er hat noch immer – eins, zwei, drei, vier, fünf, sechs Strohhalme.

Daheim probierte ich das gleich aus, zählte meine Strohhalme genau – eins, zwei, drei, vier, fünf, sechs, gab zwei davon in das Glas; und dann hatte ich eins, zwei, drei, vier Halme. Ach wie ärgerlich, jetzt kann ich das Kunststück gar nicht vorführen."

Der Star des Abends

Effekt:
Der Doppelbogen einer Zeitung wird zu einer flachen Tüte gefaltet, deren Spitze abgeschnitten wird. Beim Entfalten der Zeitung zeigt sich ein großer Stern. Du hältst die ausgebreitete Zeitung vor dein Gesicht, steckst den Kopf hindurch und verkündest laut: *„Hier seht ihr den Star des Abends!"*

Du benötigst dazu:
- einen Doppelbogen einer Zeitung
- eine Schere
- Karton

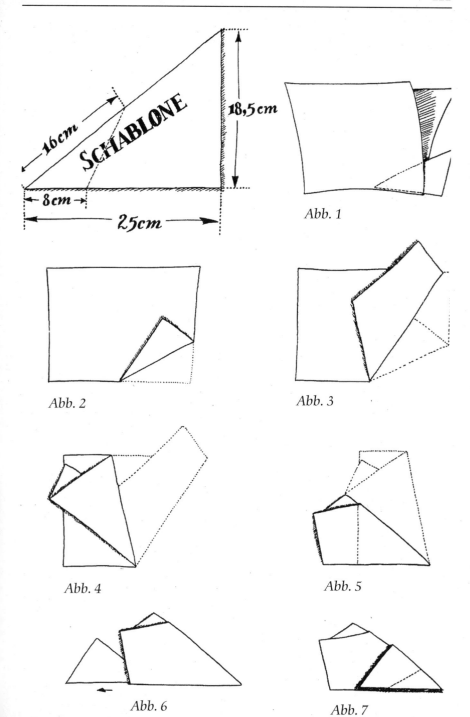

Vorbereitung:
Aus dem Karton fertigst du eine Schablone in den Abmessungen, wie die Abbildung es zeigt. Vom spitzen Winkel aus misst du auf der längsten Seite 16 cm, auf der anderen Seite 8 cm ab. Verbinde die beiden Punkte mit einer gestrichelten Linie.

Lege nun die Schablone auf die rechte untere Ecke des Doppelblatts der Zeitung (Abb. 1). Achte dabei darauf, dass die geschlossene Seite der Zeitung zu dir zeigt. Ohne die Schablone zu verrutschen, wickelst du sie nun in die Zeitung ein. Nach jedem Umschlagen musst du mit dem Fingernagel den Falz entlang der Schablone nachziehen (Abb. 2-5).

Aus der entstandenen flachen Tüte ziehst du jetzt die Schablone heraus und legst sie auf die Tüte (Abb. 6). Die gestrichelte Linie auf der Schablone zeigt dir an, wo die Spitze der Tüte später abgeschnitten wird. Übertrage diese Linie auf die Zeitungstüte (Abb. 7).

Vorführung:
Du zeigst den Doppelbogen der Zeitung deinen Zuschauern und legst ihn dann an den vorgefalteten Linien zu einer flachen Tüte zusammen. Entlang der eingezeichneten Markierung (die Zuschauer dürfen sie nicht sehen) schneidest du die Spitze der Tüte ab.

Beim Entfalten der Zeitung kommt ein großer Stern zum Vorschein, durch den du deinen Kopf schiebst und lustig verkündest:

„Hier seht ihr den Star des Abends!"

Dieses Kunststück eignet sich gut als Abschluss einer Zaubervorstellung.

Wer zaubern will, muss früh aufstehn

Der Zauberer Hardy ist um fünf Uhr früh aus den Federn. Sommers wie winters. Montags wie mittwochs. Mit oder ohne Schnupfen.

Hat er gefrühstückt und sich frisch gemacht, verstaut er in seinem Zauberauto seinen Zauberstab, sein Zauberkaninchen, sein Zauberkostüm und alle Zaubergerätschaften. Damit braust er los, baut in der Schule, die an diesem Tag an der Reihe ist, seine Zaubersiebensachen auf und beginnt, wenn alle Kinder aufs Höchste gespannt auf ihren Plätzen sitzen, mit der Zauberei.

Das hört sich leicht an, dass jemand mit der Zauberei beginnt. Doch war's ein langer, langer Weg, bis er so zauberkundig war, dass er einfach beginnen konnte.

Immerhin war Hardys erster Trick, dass er gleich doppelt auf die Welt gekommen ist, nämlich als Zwillingsbubenpaar am Flusse Paar in der Stadt Aichach.

Das war im Jahr 1949, zur Zeit des so genannten Kalten Krieges, von dem die beiden Buben aber nicht viel merkten. Sie wuchsen auf in der freundlichen Obhut einer fünfzehn Jahre älteren Schwester. Und was der eine tat, das wollte auch der andere tun. Als daher einer von ihnen zu s... s... stottern begann, da s... s... stotterte der andere auch.

Aber wie es so oft geht in der Welt: Gerade dieses Stottern wurde für beide Buben zum Motor ihrer Entwicklung. Da sie mit der Sprache des Mundes Schwierigkeiten hatten, ließen sie ihre Hände sprechen, Hardys Bruder vor allem auf den Tasten einer Hammondorgel, Hardy selbst als fingerfertiger Zauberer. Aber auch im Unterhaltungsgewerbe haben die Götter vor den Erfolg den Schweiß gesetzt. Auf unzähligen Verlobungen, Hochzeiten, Betriebs- und Weihnachtsfeiern traten die Zwillingsbrüder jahrelang auf, Hardy zunächst als Schlagzeuger, der Bruder an der Orgel, bis endlich – simsalabim wie durch einen Zauberschlag klar wurde, dass es die Zauberei war, die den Knaben Hardy anzog.

Fortan verschwanden die „Smutnys", wie die Brüder sich nach ihrem Familiennamen genannt hatten, in der Versenkung, und heraus kam der Zauberlehrling Hardy, der zwar noch eine Handelsschule besuchte und sich zum Verlagskaufmann ausbilden ließ, sich dabei aber doch immer schon in den Zauberkünsten übte.

Das fing an, als die Familie nach Buchloe zog; denn dort lebte Herr Eisenschenk, ein Rentner, für den Hardy die Einkäufe besorgte. Dieser

Herr Eisenschenk hatte das Zaubern als Soldat gelernt, beim Militär, und nun lehrte er es Hardy, mit allen Tricks und Zaubergeräten, die er kannte oder bastelte. Als Hardy dann zum ersten Mal vor einem größeren Publikum öffentlich auftrat – in einem eigens für ihn geschneiderten Anzug und für sieben Mark Honorar –, da war er nicht nur stolz,

sondern da wusste er auch schon, wie er seine Behinderung, das Stottern, überwinden konnte: durch Zauberei. Doch um auch richtig und von Grund auf das Zaubern zu erlernen, begab er sich zur Stadt der Grachten und Kanäle, zum Venedig des Nordens, nach Amsterdam; denn dort lehrte der berühmte Meister Henk Vermeyden das Zaubern. Und der lehrte nicht nur das Zaubern, sondern auch, wie man sich dabei präsentiert. Hardy musste immer tipptopp bei ihm erscheinen: Der Anzug musste tadellos geschneidert, die Fliege tadellos gebunden, die Lackschuhe tadellos gewienert, der Scheitel tadellos gezogen sein.

Hardy wurde einer der berühmten Schüler Henk Vermeydens.

Dabei hatte der kleine Hardy, als er noch Erhard Smutny hieß, eigentlich keinerlei Lust zum Zaubern gehabt. Als er zu Weihnachten statt einer Eisenbahn einen Zauberkasten bekommen hatte, war der in der dunklen Ecke eines Schrankes verschwunden.

Als er dann aber eines Tages – mehr aus Zufall den Kasten wieder hervorholte, ein paar Tricks einübte und diese Tricks erfolgreich vorführte, da stärkte das sein Selbstbewusstsein so sehr, dass er von nun an allein auftreten konnte – sei es daheim, sei es auf dem Oktoberfest in München, sei es im Haus des damaligen Bundespräsidenten Walter Scheel.

Der damalige Bundespräsident war es auch, der Hardy das größte Lob spendete, als er sagte: „Die Zauberei ist schön und gut; das können andere auch; aber dass jemand, der gewöhnlich stottert,

Hardy lässt James Krüss schweben

beim Zaubern glatt und flüssig sprechen kann, das grenzt wirklich an Zauberei."

Hardy hatte inzwischen nämlich herausbekommen, dass er bei dem, was er den meisten Menschen voraushatte – beim Zaubern –, ganz einfach nicht mehr stotterte. Besonders die Verse, die er sich als Begleittext selbst zurechtgeschnitten hatte, kamen ihm dabei flott über die Lippen.

Nun hatte Hardy sein Spezialtalent entdeckt: Als Stotterer, der beim Zaubern nicht mehr stotterte, Kindern, die Hemmungen hatten, Mut zu machen. Es war eine Ministerialdirigentin im bayerischen Kultus-

ministerium, Anna Maria Hagenbusch, die für Hardys Beruf die Bezeichnung „Zauberpädagoge" erfand, ein Wort, das Hardy heute noch benutzt.

Die Krone aller Zauberei aber wurde Hardy aufs Haupt gedrückt, als er vom 1. bis zum 3. April des Jahres 1982 volle 66 Stunden lang, ohne Pause, in einer Wirtschaftsschule in Augsburg zauberte und damit den Weltrekord im Dauerzaubern aufstellte, der ihm – mit Foto – einen Platz im „Guinness-Buch der Rekorde" einbrachte.

Das Höchste, was man handwerklich erzaubern kann, war damit erreicht. Nun konnte Hardy – Stottern hin, Stottern her – sich ganz dem Zaubern für Kinder widmen. Das tat er auch. Und tut's noch heute. Nur weiß er heute, dass die Zauberei mit einem geheimnisvoll hingehauchten „Abrakadabra" nicht „von selber geht", wie er als zehnjähriger Bub geglaubt hatte, sondern dass man sich die Zaubertricks hart erarbeiten muss, wenn sie leicht von der Hand gehen sollen.

Wenn das Sprichwort sagt: „Geschwindigkeit ist keine Hexerei", dann sagt der Zauberkundige: „Mit der Geschwindigkeit beginnt ja erst die hohe Kunst der Zauberei." Dabei muss ein Zauberer nicht einmal seinen Mund aufmachen. Als Hardy in Altersheimen auftrat, in denen viele alte Leute taub oder schwerhörig sind, führte er lauter Tricks ohne Worte vor und tosender Beifall von runzligen Händen belohnte ihn dafür.

Überhaupt hat es Hardy in seiner Laufbahn als Zauberer an Beifall nie gefehlt, nicht auf dem Oktoberfest, wo er mit der dicksten Dame der Welt zusammen in der ältesten deutschen Schaubude „Auf geht's zum Schichtl" auftrat, nicht in den Kindergärten, wohin vor allem die muntere Schwester Karussella ihn brachte, nicht im hohen Kultusministerium, wo eine Ministerialdirigentin Hardys Berufsbezeichnung erfand. Wie man allein durch das Hochhalten von Mandarinenscheibchen ein Publikum verzaubern kann, hat Hardy so oft vorgemacht, dass neidische Kol-

legen sagen: „Der verdient sein Geld, indem er Mandarinenscheibchen isst und davon lustig wird." Doch wie das vor sich geht, das lässt sich nicht beschreiben. Man muss dabei gewesen sein.

Natürlich gab es bei der Zauberei manchmal auch Pannen, zum Beispiel in Rumänien zur Zeit der Diktatur, wo Hardy vor deutschen Touristen auftrat. Dort brauchte er für sein Programm unbedingt einen Hasen oder ein Karnickel, fand aber keins von beiden, weil die Rumänen damals Hunger litten und alles aßen, was ihnen in Feld, Wald oder Wiese vor die Flinte kam.

Schließlich, nach mühevollem Suchen, fand sich ein ausgewachsener kräftiger Kaninchenbock, der etwas wild war, aber seine Sache beim ersten und zweiten Auftritt gut machte. Beim dritten Mal aber war er vor der Vorstellung nirgends zu finden. Hardy war ratlos: Sein Zauberkaninchen war verschwunden. Hätte er jetzt seinem Publikum erklärt, das Tier sei verschwunden, hätte das Publikum gelacht und gerufen: „Dann zaubre es doch einfach wieder her." Da das aber nicht möglich war, musste Hardy bei jener Vorstellung auf den Auftritt mit dem Kaninchen verzichten. Doch zerbrach er sich weiter den Kopf darüber, wo das Tier geblieben sein könnte. Erst beim Abendessen mit dem Hoteldirektor, der ihm ein für die schlechten Zeiten erstaunlich leckeres Mahl vorsetzte, kam heraus, wo der Kaninchenbock geblieben war: im Kochtopf. Was Hardy so gut geschmeckt hatte, war sein eigenes Zauberkaninchen gewesen.

Ein anderes Mal wollte der österreichische Zoll beim Grenzübergang Füssen das Zauberkaninchen Micky nicht über die Grenze lassen, weil ein Attest vom Tierarzt fehlte. So sagte Hardy: „Gut, ich lass ihn hier." Er steckte vor den Augen der Zollbeamten das Karnickel in eine Zaubertruhe, schloss die Truhe ab und ließ sie beim Zoll stehen. Dann fuhr er mit seinem Zauberauto nach Österreich hinein. Als Hardy aber von seiner Vorstellung zum Zoll zurückkam und – vor den Augen eines

Hardys Tochter schwebt über dem Schnee

herbeitelefonierten Reporters – die Schatztruhe öffnete, war kein Kaninchen drin. Wie das zuging? Das sei hier nicht verraten! Von Hardy selbst aber verraten und erklärt werden in diesem Buch

Fünfzig und noch ein Trick.*

Und wer von euch Geschick, Geduld und Lust und Laune hat zum Zaubern, der übe und trainiere fleißig. Vielleicht – wer weiß? – wird ja ein zweiter Hardy aus ihm. Auf alle Fälle wünsche ich den Benutzern dieses Buches

*Geschick und Glück
beim Zaubertrick!*

James Krüss
Sommer 1992
Gran Canaria

* Aber Hardy darf nach den Regeln der Zauberer den „Fünfzig und noch ein Trick" nicht erklären. Und da ich selber geschwebt bin, will ich das Geheimnis auch nicht verraten.

132 Seiten · DIN A 5 · ISBN 978-3-89089-865-0

VERLAG EPPE GMBH Alte Kiesgrube 20 **88326 AULENDORF**
Telefon 07525 / 923348 · Fax 07525 / 923350
e-mail: verlageppe@t-online.de

112 Seiten · DIN A 5 · ISBN 978-3-89089-866-7

VERLAG EPPE GMBH Alte Kiesgrube 20 **88326 AULENDORF**
Telefon 07525 / 923348 · Fax 07525 / 923350
e-mail: verlageppe@t-online.de